GUILLERMO GASIÓ

El vínculo de unión

Ejército, Policía y Pueblo en los orígenes del Peronismo

Gasió, Guillermo
El vínculo de unión : ejército, policía y pueblo en los orígenes del peronismo . - 1a ed. - Buenos Aires : Teseo, 2012.
140 p. ; 23x15 cm.
ISBN 978-987-1867-31-8
1. Historia Política Argentina. 2. Partidos Políticos. 3. Peronismo. I. Título.
CDD 320.982

Imagen de tapa: Coronel Juan D. Perón - Vicepresidente de la Nación, Ministro de Guerra y Secretario de Trabajo y Previsión. Fotografía oficial (1944).

Diseño y diagramación: Estudio Ini.

© Editorial Teseo, 2012

Buenos Aires, Argentina

ISBN 978-987-1867-31-8

Editorial Teseo

Hecho el depósito que previene la ley 11.723

Para sugerencias o comentarios acerca del contenido de esta obra, escríbanos a:
info@editorialteseo.com

www.editorialteseo.com

Presentación

"..mi General cuánto valés..."

El Peronismo debe ser sin duda el fenómeno político más estudiado de la Argentina desde su aparición hasta nuestros días. Privilegiado objeto de estudio para las Ciencias Sociales ha sido analizado, exaltado y repudiado. Como ningún otro movimiento político, en Latinoamérica al menos, fue llevado al cine, al teatro y a la televisión. La figura de Eva Perón, icono globalizado, contribuyó como ningún otro elemento a la difusión universal del fenómeno.

Sobre él se han escrito ensayos, tratados y novelas de todo tipo. Podríamos afirmar que se ha dicho todo sobre el Peronismo y que lo que no se ha dicho aún, es completado por el periodismo contemporáneo que intenta, casi a diario, esclarecer a los ocasionales lectores acerca de su génesis, historia, denominadores comunes, etc. en un intento por desentrañar un ADN, que lo torne "clasificable" conforme a pautas tradicionales.

El abordaje con que se suele investigar los orígenes del Peronismo y su desarrollo posterior, inicia casi siempre, por la relación de su fundador y el Movimiento Obrero, remontándose en la historia de este último y su conversión al Peronismo. No pretendo descalificar a quienes, siendo mayoría, han utilizado a esta relación como eje central de la génesis peronista, sin dejar de considerar que la relación entre el líder y el Movimiento Obrero Organizado, distó de ser lineal a lo largo de su historia y que no estuvo exenta de enfrentamientos y situaciones traumáticas. No obstante, sí podríamos afirmar que dicha temática, si bien no está agotada, cuenta con abundante bibliografía, mucha de ella, recomendable por cierto.

Estudios sociológicos y profusas biografías, algunas noveladas, del General y Evita, dan cuenta también, de los orígenes del fenómeno político más importante que produjera la Argentina del siglo XX, rescatando alternativamente el rasgo personal y las condiciones sociales que posibilitaron a la postre, el éxito político de un movimiento que irrumpió como de la noche a la mañana y marcó a fuego la vida política del país desde mediados del siglo XX hasta nuestros días.

El vínculo de unión es un más que bien documentado texto acerca de la génesis del Movimiento Peronista. El libro de Guillermo Gasió comienza con una frase del discurso del General Perón el 17 de octubre de 1945 que fuera olvidada o eludida por la historiografía. Esta frase constituye el núcleo central de su investigación histórica, al tiempo que nomina su obra.

Luego de recorrer y disfrutar el escrito, se me ocurrió que la tesis y la idea de Guillermo podríamos encontrarla sintetizada en la segunda estrofa de la consabida y archiconocida marcha *Los muchachos peronistas*, en la parte que reza: *"...mi General cuánto valés..."*. La referencia al Perón militar, soldado del Ejército Argentino, amén del respeto popular, alude a una primera naturaleza del personaje, al entorno que lo rodeara desde su adolescencia y que lo influiría más que ningún otro condicionante. De cualquier modo la letra de la marcha destaca el énfasis en la condición de general como una forma de lavar la afrenta personal de haber tenido que pasar a retiro como coronel, en los sucesos del 17 de Octubre del '45. El gobierno lo restituyó al servicio activo, promoviéndolo a general poco antes de asumir como presidente, el 4 de Junio de 1946. La marcha intenta reparar el daño pero también, a fuer de enfatizar, puede caer en la exaltación de un disimulado complejo de inferioridad. Alguna consigna de la época, sin embargo, pudo resolver el vicio de origen "Coronel del Pueblo y General de la Nación", sintetizaba.

Pero, más allá de esta digresión, el hecho de ser militar ha sido reafirmado por Perón a lo largo de su vida y ha ejercido ese rol en todos sus períodos como presidente, en los que mantuvo siempre dicha condición en servicio activo. Vale destacar también que, salvo en los tiempos contemporáneos, el involucramiento de los militares, más específicamente del Ejército, en la vida política ha sido un elemento constante en nuestra historia desde su mismo nacimiento. Asimismo, más allá de este involucramiento, la carrera militar dotaba de prestigio y era un plus para la actuación política, no solo por la ya mencionada influencia decisiva, sino por el magnetismo y la fascinación que lo castrense despierta en las masas populares.

Sin embargo, para quienes nos incorporamos a la militancia activa en los ´70, la condición militar de Perón debía ser disimulada, desconsiderada o no tenida muy en cuenta. En todo caso se trataba de un elemento molesto a la hora de las discusiones con los grupos de izquierda no peronistas. Las dictaduras militares de la época encarnadas en las Fuerzas Armadas legitimaban la lucha popular y la bandera de lucha era el retorno de Perón. Para esa generación, la del "Luche y vuelve", el Perón-militar estaba totalmente secundarizado, dicha condición era un elemento accidental y, de ser posible, debía ser ignorado o bien disimulado. Visto en perspectiva resulta lógica esta actitud. Era un contrasentido enfrentar a la dictadura militar anteponiendo una figura castrense.

Siendo que es a partir de esta mentada y meneada década en que el peronismo comienza a ser pensado, en que los historiadores, intelectuales y cientistas pasan a tomar al peronismo como objeto de estudio, es posible que ese espíritu haya influido para silenciar o desvirtuar la filiación con el Ejército del movimiento político liderado por el coronel (después General) Perón, como sugiere Guillermo al comienzo de su texto.

Si bien el rasgo militar de Perón es destacado por numerosos autores, como Robert A. Potash que subraya esa afirmación como una forma de resaltar la condición de jefe y advertir a quienes pretendieran dificultarlo, la originalidad de la obra de de Guillermo consiste en adentrarse e investigar cuáles eran los valores, las creencias y las ideas que sostenían aquel entorno y como fueron encarnando progresivamente, desde junio de 1943 en adelante, cimentando la Argentina de la década siguiente y ligando *el vínculo* que le daría sustento.

En uno de los primeros párrafos del texto se hace referencia a una ubicua disertación del Coronel Perón, de agosto de 1945, en el Colegio Militar de la Nación en la que refiere acerca de la necesidad de encarar el curso de la evolución histórica de manera pacífica, para evitar la irrupción violenta, inevitable según su perspectiva, de las masas populares. La circunstancia de tiempo y lugar más el auditorio, dan cuenta de la intencionalidad política del líder en ciernes. Sería el Ejército un actor principal, un catalizador y propiciador de ese cambio social. Una segunda lectura nos lleva a afirmar que de no ser el Ejército agente principal del cambio, la revolución podría no ser pacífica.

Una revolución violenta tendría consecuencias imprevisibles; la peor, la no querida, la temida: el comunismo. La referencia a la revolución rusa, en la mencionada disertación, como un hecho irreversible no hace más que corporizar el temido fantasma. Esta revolución debía ser pacífica. Condición necesaria para la revolución pacífica, debía ser que la misma fuera " de arriba hacia abajo" y el único agente social y político apto para tal cometido no podría ser otro que el Ejército.

Esta afirmación que involucra directamente, una vez más en la historia argentina, al Ejército en la escena política podría ser el pensamiento individual de quién encarnaba el liderazgo o bien el de una elite capaz de conducir ese proceso. Ambas cosas son ciertas. Pero lo valioso de la obra de Gasió es que, a través de un, vale la pena reiterar, valioso estudio minuciosamente documentado, demuestra que Perón viene a encarnar un conjunto de ideas forjadas en la doctrina militar influenciada por las dos guerras mundiales de la primera mitad del siglo XX.

Más allá de las lecturas, formación personal y experiencias que le tocaron vivir a Perón, tanto en el país como en el extranjero, la cuestión social se iba haciendo carne en una generación de militares por el camino más insospechado. El de la estrategia militar, influenciada por dos guerras en donde naciones enteras se enfrentaban unas con otras involucrando la totalidad de los recursos humanos, físicos y económicos de los países contendientes.

Conceptos como "guerra total" enunciados por el mariscal del Reino de Prusia Colmar van der Goltz y el mariscal francés victorioso de la primera guerra mundial Ferdinad Foch van derivando en otros como "nación en armas" o "defensa nacional" que requerirán necesariamente del factor humano para garantizar la victoria. A través del servicio militar obligatorio, el Ejército pasaría a convertirse en un elemento central en la mejora de la calidad de vida de los conscriptos al proveerlos de vivienda, alimentación, vestuario, sanidad y educación.

Asimismo, el factor moral y la cohesión interna, esto es la inexistencia de conflictos sociales junto a un sector laboral que debía integrarse a la economía de producción para la defensa van delineando la escala de valores que dotaría de contenido el discurso político de los militares que protagonizaron el golpe del '43 y se transformaría en el corpus doctrinario del Peronismo desde el '46 en adelante.

Los hechos posteriores demostrarían que la revolución "desde arriba", sin dudas, llegó "abajo" transformando al Peronismo en el principal movimiento popular de la Argentina, tornándolo políticamente monopólico en la representación de los sectores sociales más postergados. A partir de la revolución Peronista se instala una nueva antinomia en la Argentina: Peronismo-Antiperonismo, al tiempo en que empiezan a manifestarse dentro del propio Peronismo distintas corrientes internas que van a interpretar el cuerpo doctrinario conforme a sus puntos de vista o sus intereses.

Es en este proceso que se van diluyendo las fuentes que le dan origen al movimiento, quedando para los historiadores la reconstrucción y reinterpretación de los hechos. En este punto destaco la originalidad de Gasió para acudir a fuentes no investigadas del todo o bien no vinculadas e interpretadas como él lo hace. Si bien muchas veces se ha destacado la dimensión militar de Perón y aún la del militar involucrado en política, este es una rigurosa investigación en la cual se revela la influencia de las doctrinas y teorías militares en lo que a posteriori se denominara "la doctrina peronista".

Destaco también la audacia porque, en el contexto actual, como se dijera, podría ser interpretado como políticamente incorrecto resaltar la condición militar de Perón y la influencia que las doctrinas de guerra total o nación en armas hayan tenido sobre los ideales de justicia social que inspiraron a Perón y se incorporaron como un activo político irreversible desde la década del '40 en adelante.

Los avatares posteriores del país reconocen al Peronismo como protagonista principal del drama argentino. La década de transformaciones, la reacción antiperonista, la división del país, el golpe del '55, el exilio de Perón, la miopía de la clase dirigente argentina en el intento de negar este fenómeno político de masas, el proyecto laborista de Vandor, la lucha armada, el intento frustrado del '73, el terrorismo de Estado, la derrota del '83, el menemismo y el kirchnerismo pueden y deben ser objeto de debate, de investigación y la historia y las generaciones futuras se encargarán de juzgarlo conforme al criterio de cada cual.

El desprestigio político de los militares argentinos puede encontrar su partida de nacimiento con el golpe del '55, decretándose su **defunción definitiva tras la derrota de Malvinas**. Los alzamientos de Semana Santa, Monte Caseros, Villa Martelli y diciembre de 1990 posiblemente quedarán como anecdóticos. La memoria colectiva condena casi unánimemente, como a nadie en nuestra historia, los crímenes del terrorismo de Estado.

Sin embargo, no siempre fue así, no obstante, mientras tanto, no lo dudo, se va a seguir escuchando una, mil y millones de veces ***"... mi General cuánto valés..."***

Ricardo Morato

SOBRE EL DISCURSO DE PERÓN DEL 17 DE OCTUBRE DE 1945
ADVERTENCIA DE UN EQUÍVOCO DIFUNDIDO EN LA HISTORIOGRAFÍA

"Desde esta hora, que será histórica para la República, que sea el coronel Perón el vínculo de unión que haga indestructible la hermandad entre el pueblo, el ejército y la policía; que sea esta unión eterna e infinita para que este pueblo crezca en esa unidad espiritual de las verdaderas y auténticas fuerzas de la nacionalidad y del orden; que esa unidad sea indestructible e infinita para que nuestro pueblo no solamente posea la felicidad, sino también sepa defenderla dignamente".

Estos conceptos fueron pronunciados **por el coronel Juan Perón el 17 de octubre de 1945** desde los balcones de la Casa de Gobierno, despidiéndose de los trabajadores concentrados en la Plaza de Mayo.

El discurso completo figura en el libro *El pueblo ya sabe de qué se trata. Discursos,* publicado con la firma del "Coronel Juan Perón", tras la campaña electoral que lo llevaría a la Presidencia de la Nación en 1946. La cita se encuentra en la p. 186. El subrayado es nuestro y constituye el eje de análisis de esta nota.

Esa cita tuvo un curioso destino historiográfico: ha sido eludida por el destacado protagonista Eduardo Colom, disminuida por el prestigioso historiador Félix Luna y quienes lo citan empleando fuentes de segunda mano, y eliminada completamente por ciertos sectores del peronismo actual.

En el folleto *17 de Octubre: Jornada heroica del pueblo y para el pueblo* (36 pp., profusamente ilustrado), que editó el gobierno peronista en 1946 para conmemorar el primer aniversario del "Día de los Descamisados" —como lo definió el presidente Perón en su discurso—, se transcribe el párrafo en cuestión en estos términos: *"Que sea esta hora histórica cara a la República y que cree un vínculo de unión que haga indestructible la hermandad entre el pueblo, el ejército y la policía. Que sea esta unión eterna e infinita para que el pueblo crezca en la unidad espiritual de las verdaderas y auténticas fuerzas de la nacionalidad y del orden. Que sea esta unidad indestructible e infinita para que nuestro pueblo no solamente posea la felicidad, sino que también sea digno de comprenderla".* La misma versión figura en los sucesivos folletos editados por el gobierno peronista hasta 1954 para conmemorar lo que pasaría a denominarse el "Día de la Lealtad".

Eduardo Colom, en su libro *17 de Octubre. La Revolución de los Descamisados* (La Época, Buenos Aires, octubre de 1946), exhibe una línea argumental bien clara: presenta a Perón como el sucesor de Yrigoyen. A tal fin, despliega una estrategia que parte de considerar el golpe del 4 de junio de 1943 como "la revancha con la cual había soñado" del 6 de septiembre de 1930 (p. 15), dado que con el elenco juniano "iba a continuarse la Revolución política y social que la caída de Yrigoyen había dejado sin realizar" (p. 17). Refiere Colom que en su primera entrevista con Perón, realizada en el Ministerio de Guerra "a fines de 1943", el coronel "hizo un breve elogio de Yrigoyen, en el que resaltaba una evidente sinceridad" y se explaya sobre "el necesario colaboracionismo" de los radicales a "las medidas de mejoramiento social de la clase trabajadora, acometido por el coronel Perón, continuando la obra iniciada al respecto por Hipólito Yrigoyen" (p. 23).

La argumentación de Colom queda reafirmada en los capítulos "Perón: alma de la Revolución", "Sucesor de Hipólito Yrigoyen" (en la p. 39, dice: [Yrigoyen] "llevó al poder a la clase media y dio posibilidades de encumbrarse al proletariado. Perón lo encumbró, creando facilidades para todos") y "El coronel Perón y la U.C. Radical" (en la p. 41 critica la conducción de Alvear y afirma que tras su muerte, "fue necesario, entonces, que llegase de fuera el Conductor que el radicalismo no había sabido dar y que, poniéndose al frente de ese pueblo, ansioso de avanzar, le señalase la ruta del honor y de la victoria").

En el capítulo "La jefatura civil de Perón" sostiene la tesis del "camino de Damasco" operado en el coronel "septembrino". En tal sentido, escribe Colom: "Para restar autoridad a Perón se ha dicho que había sido uno de los jefes militares que participaron en el golpe de Estado del 6 de septiembre. ¿Y qué? ¿Acaso la Iglesia no cuenta entre sus grandes Santos a quienes fueron sus más encumbrados enemigos? Ahí tenemos el caso de San Pablo, uno de los magníficos apóstoles de la cristiandad. ¿No fue antes de su conversión, implacable perseguidor de cristianos?". Añade: "En la década infame, que va de 1930 a 1943, Perón, como otros jefes militares, halló su camino de Damasco y comprendió que el radicalismo, en sus ideales, en su doctrina, en la integridad y en el luchar de sus hombres por un mundo mejor y una mayor justicia social, no era lo que los oligarcas decían... Y se convirtió en radical, en el primer radical en el pensamiento y en la acción" (p. 41). Finalmente, en el capítulo "Una entrevista dramática", ante el golpe de Ábalos a instancias de Sabattini, dice Colom: "La serenidad y la confianza del Coronel me asombraron. En un instante pasó por mi memoria el recuerdo del 6 de septiembre de 1930. Vi frente a mí, rediviva, la figura mártir de Hipólito Yrigoyen" (p. 54).

En lo referente al discurso del 17 de octubre, en el capítulo "Palabras del líder a la Nación", Eduardo Colom sostiene que Juan Perón se refirió a *"la unidad general"* y agregó: *"Que sea esa unidad indestructible e infinita".*

Félix Luna en *El 45,* libro que con justicia ha ejercido una enorme difusión e influencia en la historiografía sobre el período, afirma que al llegar al "clímax la emoción de la multitud" en la Plaza de Mayo, Perón aprovechó para pedir *"que se cree un* *vínculo de unión que haga indestructible la hermandad entre el pueblo, el ejército y la policía",* para luego agregar: *"Que sea esta unidad indestructible e infinita...".*

En la nota 79 del capítulo "El huracán de la historia", Luna sostiene que "no existe un texto fidedigno del discurso que pronunció Perón el 17 de octubre de 1945", por lo que se ha basado en el de Colom, "compulsado con otras versiones dignas de fe". Entre ellas, no se cuenta el libro que Perón publicó con su firma.

La misma omisión se registra desde la ciencia política. **Emilio De Ipola**, en *"Desde estos mismos balcones... Nota sobre el discurso de Perón del 17 de octubre de 1945"* (originalmente publicada en el capítulo VI de su libro *Ideología y discurso populista*. Folios, México, 1982, y reproducida en Juan Carlos Torre [compilador], *El 17 de Octubre de 1945*. Ariel, Buenos Aires, 1995), dice: "ateniéndose al contenido lato de ese discurso, lo que en él aparece como más significativo es, justamente, su notoria insignificancia". Surge del artículo de De Ipola que ha usado *El 45* de Luna como única fuente historiográfica (y el de Torre sobre el tema sindical). Por lo demás, al analizar el "¿dónde estuvo? ¿dónde estuvo?", De Ipola parece ignorar el texto de Perón publicado con el seudónimo de Bill de Caledonia (al que en cambio sí hace mención Félix Luna).

El equívoco parece haberse instalado también en el ámbito del peronismo oficial. El **Instituto Nacional Juan Domingo Perón de Estudios e Investigaciones Históricas, Sociales y Políticas**, dirigido por **Manuel Urriza**, y dependiente de la Secretaría de Cultura y Medios de Comunicación de la Presidencia de la Nación, en el *Boletín de Actividades* (Año 2, N° 7. Buenos Aires, octubre de 1998), transcribe en estos términos el fragmento del discurso en cuestión: *"(...) quiero en esta oportunidad, como simple ciudadano, mezclarme en esta masa sudorosa, estrecharla profundamente en mi corazón, como lo podría hacer con mi madre. (En ese instante, alguien cerca del balcón le gritó: ¡Un abrazo para la vieja!) Perón le respondió: Que sea esta unidad indestructible e infinita...".*

Las proyecciones de esta omisión pueden encontrarse también en el ámbito cultural. Un acabado exponente es **Leonardo Favio**, que en el telefilme *Perón. Sinfonía del sentimiento* (Buenos Aires, 2001), en la primera parte, escena tercera (bloque tres), insiste con el equívoco: *"Que sea... que sea desde esta hora, que será histórica para la República, el coronel Perón un vínculo... un vínculo de unión. Que sea esa unidad indestructible e infinita...".*

El concepto de la unión entre el pueblo, el ejército y la policía, se encuentra expresado de distintas maneras y con diversos tonos en numerosos discursos del presidente Edelmiro Farrell, de los coroneles Perón y Mercante, y de otros jefes militares protagonistas de la Revolución de 1943.

Se trata de un tema central y no incidental en los fundamentos de la doctrina y la acción política y gubernativa del peronismo, de vasta incidencia en la interna militar y de vastas proyecciones en la gestación y consolidación del movimiento que ocuparía las principales posiciones de poder durante una década y se proyectaría como uno de los protagonistas centrales de la vida política argentina hasta nuestros días.

Las razones por las cuales el gobierno peronista reescribió el discurso del 17 de Octubre sobre el publicado con la firma de Perón abren paso a diversas conjeturas.

Por otra parte, ¿es posible afirmar que Colom, Luna, Urriza y Favio desconocen un texto tan fundamental del peronismo como *El pueblo ya sabe de qué se trata***? ¿Por qué prefieren no basarse en el texto que se publicó con la firma de Perón?**

Distintas intenciones o razones permiten inferir o conjeturar esta omisión, cuyas consecuencias resultan concretas: silenciar o desvirtuar la filiación con el Ejército del movimiento político liderado por el coronel Perón.

El pueblo ya sabe de qué se trata

DISCURSOS

Coronel Juan Perón

JUSTICIA SOCIAL
SIN REVOLUCIÓN SOCIAL

"La Revolución Rusa es un hecho consumado en el mundo. Hay que aceptar esta evolución. (...) Empieza el gobierno de las masas populares. Es un hecho que el Ejército debe aceptar y colocarse dentro de la evolución. Eso es fatal. Si nosotros no hacemos la revolución pacífica, el pueblo hará la revolución violenta".

El coronel Juan Perón, en su carácter de Vicepresidente de la Nación, Ministro de Guerra y Secretario de Trabajo y Previsión, definió en esos términos un dato esencial de su proyecto político: **la asunción por parte del Ejército, de la *cuestión social*.**

Tal pronunciamiento lo formuló ante un auditorio pertinente, sus camaradas, en un ámbito específico, el Colegio Militar de la Nación, y en un momento clave de su trayectoria política, el 7 de agosto de 1945.

_{Aquel decisivo discurso de Perón fue levantado fragmentariamente por la prensa de la época. Se conoció completo y en los términos en que fue originariamente expresado en un libro publicado doce años después, el de Luis B. Cerrutti Costa, *El sindicalismo. Las masas y el poder* (Trafac, Buenos Aires, 1957).}

En la primera parte de esta investigación, el autor, sobre la base de fuentes del Ejército Argentino, se propone aportar materiales que permitan comprender en qué medida se hallaban en el ambiente del Ejército muchos de los ideales, de los modos políticos y de la práctica gubernativa que servirían para gestar el gran movimiento político de masas cuyo líder fue el jefe militar Juan Perón.

En la segunda parte, se analizará cuáles fueron los intereses de la defensa nacional que confluyeron con la ofensiva de

los sectores nacionalistas y de la Iglesia, que plasmó en la educación católica en las escuelas públicas a partir del gobierno de la revolución del 4 de junio de 1943. Al respecto, se examinarán los antecedentes de la relación entre militares y catolicismo en dos figuras claves de la aplicación de esa política: Gustavo Martínez Zuviría y Alberto Baldrich.

En la tercera y última parte, se referirá sumariamente cómo, con el fin de eliminar el conflicto entre el capital y el trabajo mediante la acción del Estado, el tema de los salarios representó el pilar de la política social durante el gobierno Farrell-Perón.

I. UNA TAREA CONTINUADA Y ENCAUZADA EN UNA ÚNICA DIRECCIÓN

LOS APETITOS CRECIENTES DE LOS PUEBLOS

El signo distintivo de toda doctrina estratégica aplicada durante la década de los años 40, transita del concepto de *nación en armas* al de *guerra total,* sobre la base de la experiencia de la Gran Guerra de 1914-1918 seguida de la librada a partir de 1939.

Al respecto, la Biblioteca del Oficial publicó obras fundamentales. Durante la década del 20 fueron particularmente influyentes las de los jefes alemanes, en especial, **Colmar von der Goltz**, quien con el planteo de la guerra integral de masas avanzaba sobre la doctrina que había difundido von Moltke.

"He llegado al final. He descripto la guerra tal cual es en la realidad y creo haber mencionado todo lo que reclama el presente para una guerra grande entre naciones. He demostrado que no se puede efectuar una guerra análoga a la empleada por los niños que juegan a los ladrones y a los soldados, sino que se necesita trabajo intenso durante largos años, sin disminuir los esfuerzos de la nación entera, para poderla terminar con éxito. ¿Qué son, comparadas con ellas, los ejércitos de Napoleón I, o los ejércitos de la gran coalición contra Francia imperial? En la actualidad se llama a las armas a pueblos enteros, aparentemente para satisfacer necesidades nacionales y económicas, y en realidad para luchar por los intereses supremos de la humanidad", escribía hacia febrero de 1920, el general de caballería en retiro von Bernhardi, en *La guerra del futuro. Según las experiencias de la guerra mundial* (Biblioteca del Oficial, N° 37, 1921, 216 pp. Traducido por el teniente coronel Juan Beverina, capítulos I al VI, y el capitán Carlos von der Becke, capítulos VII al IX).

"La clave del desarrollo actual es el encadenamiento completo de la vida militar con la vida nacional, de modo que la primera perturbe lo menos posible a la segunda y que, por otra parte, todos los medios de la última hallen su expresión en la primera. El servicio obligatorio general significa, en este sentido, el paso más importante, puesto que, desde su adopción, los hombres bajo las armas no se alejan completamente, sino sólo en forma pasajera, de su trabajo y, sin embargo, todos los hombres sanos resultan disponibles para el Ejército, en caso de guerra", afirmaba el mariscal del Reino de Prusia Colmar Barón von der Goltz, en su clásica obra *La nación en armas. Un libro sobre organización de ejércitos y conducción de guerra en nuestros tiempos* (Biblioteca del Oficial, N° 112, 1927, Tomo I, 303 pp. Sexta edición de la obra antigua y simultáneamente primera edición de la nueva redacción, en base a las experiencias de la Guerra Mundial, por el coronel retirado Federico Barón von der Goltz. Traducción de la Biblioteca del Oficial).

Entre los años 1934 y 1943, la Biblioteca del Oficial publicó tres importantes obras del gran comandante de los Ejércitos Aliados, el victorioso mariscal francés **Ferdinand Foch**, de quien pueden extraerse los siguientes postulados básicos:

— La guerra concebida como masificación nacional de la fuerza, cuyo objetivo es derrotar al enemigo mediante el ataque decisivo.

En *La conducción de la guerra. La maniobra para la batalla* (Biblioteca del Oficial, N° 184, 1934, Tomo I, 306 pp.), Foch, en el prefacio, fechado el 1° de septiembre de 1918, decía que si bien los progresos en los armamentos y el desarrollo de la industria aplicados durante la Gran Guerra crearon "condiciones nuevas para un arte, la guerra", resultaba que "las verdades fundamentales que rigen este arte permanecen inmutables". Foch planteaba, en consecuencia, bajo el título "El plan de guerra. El objetivo de la guerra", lo siguiente: "Cada vez más la conducción de las tropas en la guerra es un conjunto de disposiciones que tienen en vista la batalla, y en esta batalla ofensiva, el *ataque decisivo:* idea superior que se debe fijar tanto en nuestro espíritu como en nuestro carácter, de manera de estar a la altura de las dificultades que le esperan y por encima de las dudas que se le van a presentar".

— La experiencia del sostenimiento de la ofensiva a ultranza como clave de la victoria.

El mariscal Foch, en *Memorias para servir a la historia de la guerra de 1914-1918* (Biblioteca del Oficial, Nº 266, 1940, Tomo II, 336 pp. Traducido del francés por los tenientes coroneles Mario A. Bárcena y Alejandro C. Ojeda), revelaba en la cuarta parte, "El comando en jefe de los Ejércitos Aliados", su experiencia de constante aplicación del principio de ofensiva en combate, coronando su exposición en los capítulos XI, referido a "la ofensiva general de los Ejércitos Aliados, del 26 de septiembre al 15 de octubre", y XIII, a la "ofensiva general de los Ejércitos Aliados del 15 de octubre al 11 de noviembre de 1918".

— El carácter nacional de la guerra, tanto en la doctrina como en la ejecución, y el carácter absoluto de la guerra, en la cual sólo la ofensiva resulta decisiva para la victoria.

Los principios de la guerra (Biblioteca del Oficial, Nº 300, 1943, 456 pp. Traducción por el teniente coronel Eneas Colombo), obra en la cual Foch expone su pensamiento estratégico, tiene como base las conferencias que dictó en la Escuela Superior de Guerra de Francia, hacia 1903; se reeditó sucesivamente con ligeras variantes; la versión argentina corresponde a la 5ª edición del original en francés.

"Egoísmo nacional creando la política y la guerra de intereses, destinada a satisfacer los apetitos crecientes de los pueblos que, en consecuencia, aportan a la lucha un desencadenamiento de pasiones cada vez mayor; un consumo y un empleo, cada vez más excesivos, del factor humano y de todos los recursos del país. He ahí el cuadro", sintetizaba Foch.

El mayor **Juan Perón**, influido por las enseñanzas de von der Goltz y de Foch, se encargó en el medio militar argentino, de sostener que "a la nación en armas corresponde la movilización y organización integral", según formuló en el libro que publicó, basado en sus clases en la Escuela Superior de Guerra, bajo el título *Apuntes de historia militar. Parte teórica,* por Biblioteca del Oficial, en 1934. (Nº 194, 1934, 323 pp., figura como 2ª edición, corregida y aumentada. La 1ª, se publicó con esta portada: Ejército Argentino - Escuela Superior de Guerra, *Apuntes de historia militar - Parte teórica*. Correspondiente al curso 1-B del año 1932, por Juan Perón, mayor de E.M. - Profesor).

Entre los *factores materiales* de la guerra, Perón definía al *factor personal* como "el conjunto de hombres que constituye la

fuerza armada y que obra como elemento vital de la guerra".
(*Apuntes...*, p. 112).

Perón remarcaba que Foch "sintetiza la guerra moderna en forma práctica al decir: guerra más y más nacional, masas más y más considerables, predominio más y más fuerte del factor humano". (Foch, *Los principios...*, p. 76. Perón, *Apuntes...*, p. 120).

(Otra obra significativa, del mismo período, escrita en colaboración por el coronel Enrique J. Rottjer y el teniente coronel Juan Perón, *Las operaciones en 1870*, Biblioteca del Oficial, N° 242/243, 1939, 403 pp.).

En este punto, resulta de interés evocar los aportes de Alberto Ciria (*Perón y el peronismo*. Siglo XXI, Buenos Aires, 1971), acerca de "Las ideas militares de Perón en su aplicación al gobierno y al Estado" (pp. 29-43) y "El pensamiento sindical de Perón y la justicia social" (pp. 43-55).

Asimismo, vale recordar la aguda observación realizada por Jacques Bainville, el militante de Acción Francesa, cuando hacia 1938 señaló la influencia que ejercieron los escritores franceses sobre los revolucionarios de la Europa moderna: Charles Maurras, sobre Benito Mussolini; las *Reflexiones sobre la violencia,* de Georges Sorel, sobre Lenin; la *Introducción a la historia de Asia,* de León Cahun, sobre los Jóvenes Turcos; los textos de Gabineau, sobre el racismo hitlerista. (*Los dictadores. Síntesis histórica y biográfica.* Juventud Argentina, Buenos Aires, 1938, p. 217 nota 1). En el mismo sentido, Carlos Floria ha señalado: "Si bien la cruz y la espada es expresión usada en el discurso de Perón y la apelación a la espiritualidad y al sentido humanista y cristiano de la Nueva Argentina está presente en la doctrina peronista, hay ingredientes maurrasianos en las argumentaciones empleadas por el gobierno militar primero y luego por el peronismo gobernante para legislar sobre la educación religiosa". (*Pasiones nacionalistas.* Fondo de Cultura Económica, Buenos Aires, 1998, p. 94).

Si seguimos la línea técnica orgánico-militar

La doctrina de la *nación en armas,* demandante de la movilización y organización integrales, llevaba al tema del comando unificado para la defensa.

Al respecto, el coronel Juan Lucio Cernadas, en *De las previsiones fundamentales de la Nación para el caso eventual de una guerra* (Anexo a *Revista Militar,* octubre de 1937, folleto de 38 pp.), incluía el artículo que publicó en *La Prensa,* el 19 y 20 de agosto de 1937, bajo el título "El apresto de los pueblos modernos para su defensa", en el cual advertía que la necesidad de "prevenirse o prepararse para un caso eventual de guerra no significa en manera alguna que el país se trace deliberadamente un plan guerrero, sino reconocer prudentemente la necesidad y la conveniencia de estar en las mejores condiciones posibles para afrontar los acontecimientos con perspectivas que no entrañen amenazas ni zozobras para el porvenir". Según Cernadas, cabía al Gobierno preparar "a la juventud y en general al pueblo, física y espiritualmente, para realizar los grandes destinos de la Nación como para sobrellevar con entereza los más grandes sacrificios".

El general de brigada Jorge A. Giovaneli, en "La guerra económica. Sus principios" (*Revista Militar,* N° 468, enero de 1940, p. 3), concluía "que también para las naciones sudamericanas la preparación de la movilización económica en tiempo de paz es una necesidad imperiosa, señalada por el concepto más elevado de la defensa nacional". Cuatro años después, Giovaneli, en el Prólogo a *Defensa Nacional,* reafirmaba: "En la preparación oportuna, completa y eficiente de la defensa nacional, descansa la salvación de la patria, con su territorio, sus riquezas, hogares y tradiciones, en forma tal que, hasta quien llevado por su espíritu estrecho o mezquino, o por haber perdido el real sentido de su nacionalidad, se niegue a reconocer esta verdad, conspira no sólo contra los intereses sagrados de la nación, que están por encima de todo, sino también contra sus propios intereses y los de los suyos".

José Opizzi, en *La capacidad física del soldado argentino* (Biblioteca del Oficial, N° 298, 1943, 162 pp.) destacó: "A los fines de la defensa nacional, la capacidad física del soldado debe ser considerada en tres aspectos distintos: en el ambiente civil, anterior y ulterior al servicio militar obligatorio; durante su permanencia en filas; durante las operaciones, en el caso real de un conflicto armado. (...) La tarea de la sanidad militar comienza en el cuartel durante la paz y se continúa en una serie de eslabones de tiempo y lugares hasta llegar a la zona de operaciones, en la guerra".

Para esa corriente de ideas, se tornaba indispensable la creación de un Ministerio de Defensa, mediante el cual se pretendía resolver la cuestión de la unidad de mando, dotándolo de un fuerte componente militar.

Así lo plantearon, por ejemplo: el coronel Juan Lucio Cernadas, en *De las previsiones...,* notas "Seguridad nacional y unidad de criterio" y "La conducción superior de la guerra", y el teniente coronel Ernesto Fantini Pertiné, *Inquietudes militares de la época. Libro II* (Biblioteca del Oficial, N° 228, 1937, 416 pp.).

El coronel Jorge B. Crespo, en *La Nación y sus armas* (Biblioteca del Oficial, N° 232, 1938, 464 pp.), en el capítulo titulado "El gobierno y la dirección superior de la guerra", llegaba a sostener que "si (...) constitucionalmente, el presidente de la Nación no puede delegar el mando militar que la Constitución le confiere especialmente, y, menos en autoridades civiles, como son los funcionarios del Estado, debe contemplarse la necesidad de que su mando supremo sea complementado u organizado técnicamente, de modo que pueda actuar tanto en tiempo de paz como en tiempo de guerra. La solución la encontramos de inmediato si seguimos la línea técnica orgánico-militar, es decir, la que corresponde de acuerdo con las exigencias institucionales desde el punto de vista exclusivo de la guerra, creando un mando militar superior que ejerza el de todas las fuerzas, por extensión del mando supremo constitucional del jefe del Estado".

Éste es uno de los puntos de arranque del dislocamiento de la problemática cuestión, que hace a la esencia de un sistema constitucional democrático, del control civil sobre las fuerzas armadas.

La caracterización de la guerra, y por extensión de la defensa nacional, como fenómeno integral para los Estados nacionales, fue difundida por otros militares, de influencia en el medio argentino de la época.

El teniente coronel Ernesto Fantini Pertiné predicó activamente sobre la ejemplaridad del caso francés ante el medio argentino. En "Desde mi puesto de observación en París. Algunos pronósticos sobre la guerra en Sud América", notas publicadas en *Revista Militar,* sostuvo que debían preverse "tres elementos cuyo empleo ha sido impresionante a veces durante el transcurso de la Gran Guerra, y que están, sin embargo, muy lejos de haber alcanzado el auge de su importancia": la motorización de los transportes terrestres, de la aviación y de los tóxicos de guerra. (Nº 389, junio de 1933, pp. 1037-1046). Agregó que era indispensable preparar a la población para sobreponerse a toda acción terrorista, desde las procedentes de las "propagandas disolventes y terroristas", hasta de "los ataques aeroquímicos".(Nº 391, agosto de 1933, pp. 281-293).

Asimismo, el coronel Juan Lucio Cernadas, en la nota "El apresto de los pueblos modernos para su defensa", publicada en *La Prensa,* los días 19 y 20 de agosto de 1937, remarcaba: "La preparación de un país para la lucha por su existencia, en lo que respecta a posibles conflictos armados, reclama el concurso armónico de todas las fuerzas, con arreglo a planes y normas que no pueden dejarse libradas al riesgo de las improvisaciones de última hora y cuando apremian las circunstancias". (Reproducido en *De las previsiones...*).

Ya no es cuestión de creer o no creer

El general de brigada Jorge A. Giovaneli aplicó el principio de la *nación en armas* a concretas hipótesis de escalada bélica en que podría participar la Argentina.

En "La ley sobre la organización general de la nación para la guerra, de Francia. Deducciones que surgen de su estudio", publicada en *La Nación* del 24 de septiembre de 1939, o sea, a pocos días de declarada la Segunda Guerra Mundial, afirmaba Giovaneli: "Una guerra en Sud América no tendría evidentemente las proporciones de una guerra europea, bajo ninguno de sus aspectos, pero por limitada que aquélla fuera en sus proporciones, las fuerzas militares, terrestres, marítimas y aéreas necesitarían el comando único, así como el apoyo de la movilización económica, financiera y moral de la nación entera, tanto más, cuanto si en lugar de tener que luchar en un solo frente fuera necesario hacerlo en varios a la vez o cuando se debiera luchar contra un enemigo poderoso de ultramar. Por esto pienso que también en nuestro país hace falta una ley que contemple este aspecto integral de la guerra, que se llame Ley de la Defensa Nacional o Ley de la Preparación de la Nación para la Guerra, adaptada por completo a nuestras características particulares y para cuyo estudio la ley francesa (sobre la organización de la nación para la guerra) podría servir como un valioso elemento de juicio". (*Revista Militar*, N° 466, noviembre de 1939, p. 921).

Por su integridad expositiva, el libro *Defensa Nacional*, del ascendido a general de división Jorge A. Giovaneli, director general de instrucción del Ejército, pasó a convertirse en una obra influyente en el medio militar argentino. Se publicaron dos ediciones de dicha obra: Biblioteca del Oficial, N° 297, 1943, 215 pp.; Guillermo Kraft, 1944, 187 pp.

"La defensa nacional ha dejado de ser un problema exclusivamente militar, como lo era antaño, para transformarse en un problema del país entero —sostenía Giovaneli en el Prólogo—. Ya no es cuestión de creer o no creer; es necesario que todos, cualesquiera sean nuestras tendencias, profesiones o ideas, aceptemos esta palpitante realidad de los tiempos modernos. Los que escribieron sobre la *nación en armas* presagiaron el cuadro que ofrecería la guerra actual, pero quedaron por debajo de la realidad, ante la extensión y formas insospechadas que la guerra ha tomado, como también ante lo siniestro del drama".

(Ver también: "El arte de la guerra acelera su evolución", por el general de división Horacio Crespo, en *Revista Militar*, N° 520, mayo de 1944, p. 823).

PARA QUE PUEDAN EFECTUAR EL SERVICIO MILITAR

Para la guerra de masas resultaba primordial atender a las condiciones de la población.

En primer término, era necesario que la nación contase con el mayor número posible de efectivos, y a la vez, que esos efectivos fuesen de la mayor calidad posible. La cantidad y calidad de oficiales y tropa, y en particular de los conscriptos, pasó a constituir una demanda esencial del Ejército tras el estallido de la Segunda Guerra Mundial.

El ministro Tonazzi, según consta en la Memoria del Ministerio de Guerra de los años 1940-1941, se ocupó en plantear: "Uno de los problemas (...) es el que se refiere al crecimiento progresivo de los efectivos militares. En efecto, es una regla adoptada por casi todos los países bien organizados que el ejército de paz alcance una proporción equivalente al 1% de su población total. Nuestros actuales efectivos de paz distan mucho de satisfacer la proporción que dicha regla demanda. Este Ministerio comprende perfectamente que no es posible, y entiende también que no es necesario por ahora, someter al país al enorme esfuerzo que representa el llevar los efectivos de las fuerzas terrestres de paz a la suma de 120.000 hombres, pero es evidente que tampoco pueden ellos permanecer dentro del reducido volumen que ahora poseen, de donde se infiere que existe la necesidad de contemplar su crecimiento gradual a fin de que en el término de algunos años dichos efectivos puedan alcanzar por lo menos al 70% de la proporción considerada como normal. Es indudable que en algunas regiones de nuestro territorio existe algo de eso, pero ello es debido exclusivamente a las precarias condiciones de vida en que se encuentran por obra de circunstancias transitorias, ciertos núcleos de población; pero ello no asume los caracteres de un mal irreparable, puesto que la solución del problema puede hallarse satisfactoriamente en el sometimiento de los individuos a un régimen metódico de actividades y alimentación racionales".

El teniente coronel Ernesto Fantini Pertiné, en *Inquietudes militares de la época. Libro II*, razonando sobre el dilema entre ejército profesional o ejército de conscripción, había anotado como premisa básica que "la calidad de las tropas deberá ser garantida con la existencia de una cierta cantidad".

Un civil de vasta inserción en el ambiente militar de la época fue Juan Ramón Beltrán, que se había ocupado del tema que concitaba creciente interés en el Ejército: "Misión del oficial frente a los problemas sociales contemporáneos". (Conferencia pronunciada en el Círculo Militar, el 11 de septiembre de 1936). (*Revista Militar,* N° 428, septiembre de 1936, pp. 499-513).

Eduardo Colom señala a Beltrán entre los contados civiles que concurrió a la casa de Perón "para expresarle su solidaridad al coronel" en los críticos días de octubre de 1945, cuando Perón debió renunciar a todos sus cargos. (*17 de Octubre. La revolución de los descamisados*).

Al replantearse el concepto de defensa nacional, tras la revolución del 4 de junio de 1943, desde el poder político ejercido por los mandos, la demanda por la cantidad y calidad de los efectivos militares pasó a constituirse en un problema nacional integral y no solamente militar: el aumento del contingente de conscriptos implicaría además el mejoramiento de su calidad de vida por efecto de la acción del Ejército (vivienda, vestuario, alimentación, sanidad, educación).

En la Memoria del Ministerio de Guerra correspondiente a los años 1943-1945, el ministro Sosa Molina destacó: "La labor desarrollada por el Ministerio de Guerra durante los dos primeros años del período revolucionario ha sido una tarea continuada y encauzada en una única dirección, cuyo objetivo principal ha tenido por norte dotar al país del Ejército que por su importancia le corresponde. (...) Puede asegurarse que en el corto lapso transcurrido se ha logrado evolucionar en lo que a la organización e instrucción del Ejército se refiere, en una forma que no tiene paralelo en ningún otro período de nuestro país, aun en aquellos de más auge, en los cuales el mundo se encontraba en pleno período de paz y, por lo tanto no existían mayores inconvenientes en la adquisición de elementos necesarios para dotar al Ejército. Además, se ha dado oportunidad a los ciudadanos que le ha correspondido ser incorporados, para que puedan efectuar el servicio militar, a diferencia de lo que ocurría anteriormente en que un gran número de ellos debían ser eximidos del mismo, porque el país no estaba en condiciones de alojarlos, equiparlos, instruirlos, etc.".

YA EN LA INFANCIA DEBERÁ PRESTARSE ESPECIAL CUIDADO

La doctrina de la guerra total implicaba hacerse cargo de otra serie de cuestiones conexas con la población.

En ese sentido, el *factor moral* pasó a identificarse con la *moral nacional,* es decir, con la predisposición de la población para sostener la guerra, lo cual avanzaba sobre la moral del combatiente en el frente.

El general de brigada Sir F. Maurice, en *Los gobiernos y la guerra. Un estudio sobre la conducción de la guerra* (Biblioteca del Oficial, N° 151, 1931, 156 pp., traducción del inglés por el capitán Aureliano E. Boatella) advertía: "Existe otra razón para tratar de crear un mayor interés que el que actualmente existe sobre el fundamental problema de las relaciones entre estadistas y militares. La opinión pública ha llegado a ser un factor de primer orden en la conducción de la guerra. Me cuento en el número de los que creen que en el futuro el primer objetivo de las naciones beligerantes no será la destrucción de las fuerzas opuestas sino lo que los alemanes designan *la voluntad de victoria* de los pueblos enemigos. (...) Por consiguiente, la moral del país viene a constituir en la guerra un factor tan importante como lo ha sido siempre la moral de los ejércitos. La derrota de las fuerzas principales del enemigo, considerada hasta aquí como el objetivo fundamental de la estrategia, viene a ser sólo un medio para alcanzar el fin, que puede aún conseguirse sin el empleo de aquel medio. Puede llegar un momento en que un pueblo considere intolerable la continuación de la guerra".

Las innovaciones materiales presentadas durante la Gran Guerra, y desarrolladas en la década siguiente, sirvieron para acentuar la importancia del factor humano ligado íntimamente al factor moral nacional.

El general del Ejército Italiano Héctor Bastico, en *La evolución del arte de la guerra* (Biblioteca del Oficial, N° 165, 1932, Tomo III, 346 pp., traducción de la Biblioteca del Oficial) planteaba que "la Gran Guerra se caracteriza por un rápido e intenso aumento de las fuerzas materiales; pero se verifica un fenómeno digno de particular meditación, a saber: que por cada aumento sucesivo de la fuerza bruta, la espiritual, no solamente se opone a su predominio, sino que acaba por ejercer sobre la primera una superioridad neta. Por su cuenta, la fuerza intelectual, sometida a la dura escuela de la experiencia, se afina y parece que se adapta rápidamente al poderoso trabajo que la guerra exige".

Ese tipo de planteo se reitera en la obra del teniente coronel Ernesto Fantini Pertiné, *Inquietudes militares de la época. Libro I* (Biblioteca del Oficial, N° 220, 1937, 319 pp.): "El factor moral en la guerra ha adquirido proporciones inmensas, ha superado, a nuestro modo de ver, el progreso técnico de las armas, que tienen actualmente una potencia de destrucción realmente temible". El capítulo V está dedicado al examen de "las fuerzas morales", en particular, del llamado *biologicismo*.

El factor moral, en su versión extrema, debería afectar al conjunto de la población y prolongarse a todas las etapas y circunstancias de la vida humana: estaba en juego la existencia de la nación, expresada en la instancia decisiva del conflicto bélico.

Bernard Schleich, en la segunda parte de *Potencialidad militar y orientación del Estado* (Biblioteca del Oficial, N° 239, 1938, 271 pp.), bajo el título "Los elementos de la potencialidad militar y su importancia económica y sociológica" destacaba que "en última instancia, son solamente las energías físicas y espirituales de los hombres las que representan las fuerzas defensivas de una nación y no la materia inerte. (...) Para que el pueblo esté capacitado para estos esfuerzos corporales y espirituales, será naturalmente preciso educarlo y adiestrarlo. (...) En consecuencia, ya en la infancia deberá prestarse especial cuidado, tanto en el hogar como en la escuela, de que los futuros defensores de la patria vayan adquiriendo las condiciones físicas y espirituales que habrán de necesitar cuando sean adultos".

En sus Apuntes de historia militar, Perón ya hacía referencia a la necesidad de una doctrina de guerra capaz de dar la indispensable cohesión moral e intelectual a las tropas.

Félix Luna, en la nota 23 del "Prólogo hacia el año decisivo", de su obra *El 45,* aporta un interesante testimonio que le formuló Arturo Enrique Sampay: el cardenal Santiago Luis Copello, arzobispo de Buenos Aires y primado de la Argentina, siendo vicario castrense había tenido una fricción personal con Perón, con motivo del folleto *Moral Militar* que éste, entonces capitán, escribiera en 1925 para el *Manual del aspirante*. Según Copello, "los conceptos de Perón tenían un sentido de *moral nietzscheano* y por ese motivo aquél pidió su separación del curso que dictaba. El episodio habría provocado un resentimiento entre Copello y Perón que continuó hasta 1945".

EL INTERÉS SUPERIOR DE LA NACIÓN

Estrechamente ligado al factor moral se halla la cuestión del *frente interno:* la situación ideológica de la población, o sea, su control ideológico en función de la defensa nacional, para lo cual resultaba indispensable la erradicación total de cualquier manifestación de conflicto social.

La coyuntura, el **colapso de Francia en 1940** a expensas de Alemania, resultaba altamente aleccionadora, a la vez que actualizaba la archirremanida cantinela germana de la "puñalada por la espalda" sufrida por el alto mando alemán en 1918 debida a los dirigentes políticos.

En Buenos Aires —particularmente en los círculos políticos y militares— logró amplia difusión un folleto de 44 páginas publicado por el Gobierno de Alemania: *La campaña de Francia. 10 de mayo - 23 de junio de 1940*. En la contratapa se transcribía en caracteres destacados el siguiente párrafo "del último comunicado del Alto Mando sobre las operaciones en Francia" (que en el interior del folleto figura bajo el título "Las causas del triunfo alemán"): "El Gobierno del III Reich ha creado el mejor instrumento de combate moderno con un Alto Mando único, ha encontrado la síntesis entre la preparación serena objetiva y minuciosa y la máxima audacia en el plan y la ejecución de las operaciones, ha llevado los hechos del soldado alemán, siempre famosos, a un punto que ya no puede explicarse con el cumplimiento de un deber patrio sino con una idea que sostiene y que anima a todo el pueblo".

El **proceso de Riom**, dispuesto por el gobierno de Vichy para denostar a los políticos del Frente Nacional, contribuyó a dotar de mayor dramatismo la perversa conclusión que las derechas formularon sobre el caso francés.

Algunas advertencias acerca de los efectos del gobierno de coalición de izquierdas sobre la defensa nacional pueden hallarse en: "Ejército de Francia: sus institutos, escuelas y centros de estudios, como órganos de formación, instrucción y perfeccionamiento de jefes y oficiales", conferencia pronunciada por el coronel Juan Pierrestegui, en el Círculo Militar, el 24 de septiembre de 1937 (*Revista Militar,* N° 442, noviembre de 1937, pp. 1121-1159); y en "La *facilidad* francesa", por el teniente coronel Matías Rodríguez Conde (*Revista Militar,* N° 455, diciembre de 1938, pp. 1423-1424).

La *Revista Militar* publicó "El deber de las élites en la defensa nacional", discurso pronunciado por el mariscal Pétain en la inauguración del Curso de la Defensa Nacional, en la Escuela Libre de Ciencias Políticas (Nº 463, agosto de 1939, pp. 357-367). En esa oportunidad, dijo el jefe francés: "Las palabras de Guillermo el Grande: *No es necesario esperar para llevar una acción, ni de vencer para perseverar,* están reservadas, sin duda, a ciertos espíritus de élite, en escaso número. Para obrar, la multitud tiene necesidad de un mínimum de esperanzas en el éxito. Ahora bien, se hace la guerra con las masas y éstas deben estar preparadas para tal eventualidad. Además de una preparación material muy activa, conviene encarar la preparación moral destinada a asegurar la cohesión de la nación ante el peligro y cerrar el camino a las doctrinas disolventes y a todos los factores de desorden. A esta preparación material y moral de la nación, el hombre de Estado y el jefe militar, cada uno en sus actividades, debe aportar todos sus cuidados".

Cupo al general de brigada Jorge A. Giovaneli ejemplificar la pérdida de moral combatiente en el frente interno a partir de la ya referida interpretación en boga por las derechas de la época sobre la derrota de Francia en 1940.

En "La guerra moral. Sus principios" (*Revista Militar,* Nº 474, junio de 1940, p. 3), al cabo de su experiencia como agregado militar en Francia en 1938 y 1939, Giovaneli se hacía cargo del desastre nacional de 1940, que atribuyó principalmente al desmoronamiento del frente interno por la acción del *frente nacional* animado por los comunistas y socialistas. De allí la pretensión de determinar "los principios o preceptos que deben orientar la preparación moral de una nación para la guerra", para lo cual, según Giovaneli: "Si es necesario, [hay que] perfeccionar la organización social, en el sentido de que jamás los intereses de los gremios, instituciones e individuos puedan hacer peligrar el interés superior de la nación, como ocurrió en Francia. Nada de esto está reñido con una verdadera democracia".

En una conferencia pronunciada en el Centro de Estudios Militares, el 24 de junio de 1943, Giovaneli insistía sobre la nociva eficacia de la prédica comunista sobre la moral del combatiente francés y la necesidad de preservar al medio argentino de tales influencias. (*Revista Militar,* Nº 509, junio de 1943, p. 1083).

En *Defensa...,* Giovaneli volvía sobre el factor moral, planteándose el dilema europeo de 1940: "¿Cómo podría aceptarse, sin más, que el Ejército francés, el segundo del mundo por su preparación, que había sido el factor principal de la victoria en 1914-1918, pudiera defeccionar en semejante forma? (...) Es la época en que el comunismo internacional consiguió llegar a Francia, provocar innumerables caídas de gabinete, implantar la nefasta semana de las 40 horas de trabajo, que condujo a la desvalorización de la moneda, a la emigración de capitales y a la ruina de la industria; es la época en que el comunismo llega hasta la universidad, a la escuela francesa y, para qué decir, a la masa obrera, fomentando junto con el odio de clases un sentimiento nacional visiblemente contrario a la guerra y originando aquellas huelgas que paralizaron las fabricaciones militares en momentos tan graves para la nación, en tanto que del lado alemán, como muy bien se sabía en Francia, las fabricaciones de guerra aumentaban extraordinariamente día a día".

En el medio argentino, tal vez la obra que en mayor grado contribuyó a contrarrestar la acción psicológica desplegada para justificar el tipo de argumentación que desembocó en el proceso de Riom, haya sido la de Pierre Cot, *Francia fue traicionada* (Ayacucho, Buenos Aires, 1944. Versión directa del inglés, *Triumph of Treason,* por Saúl Sullen). También presentan aspectos de interés: Alejandro Nesviginsky, *La Francia de hoy. De Laval a Laval* (Américalee, Buenos Aires, 1942) y Philippe Barrès, *General de Gaulle. Una biografía políticomilitar del jefe de la resistencia francesa* (Claridad, Buenos Aires, 1944).

Una muy importante evidencia del grado de influencia y de los graves efectos que sobre ciertos ambientes militares argentinos tuvo el colapso francés y sus causas atribuibles a la endeblez de los políticos civiles, resulta del examen de los documentos del GOU: "Plan de unificación", anterior al 4 de junio de 1943, y "Nuevas bases para el GOU", del 10 de julio del mismo año. En ambos se hace mención a "La defensa contra la política". Del mismo tenor son los documentos de la "Sección Noticias" del GOU, números 11 y 12, fechados respectivamente el 7 y 14 de agosto de 1943. (Robert A. Potash, *Perón y el GOU – Los documentos de una logia secreta*. Sudamericana, Buenos Aires, 1984, pp. 39-40, 57-58, 144-145 y 146-147).

REMEDIAR EL PROBLEMA MÁS ANGUSTIOSO

El *frente interno* también requería que el sector laboral se integrase a la economía de producción para la guerra. En ese sentido, la cuestión de la calidad de mano de obra para la producción de la defensa venía siendo objeto de numerosas consideraciones por especialistas en cuestiones económicas.

Así, por ejemplo, en la *Revista de Economía Argentina* —fundada por el ingeniero Alejandro E. Bunge, y en cuyo consejo directivo figuraban Rafael García Mata y José Figuerola— se publicó en mayo de 1944 la nota de Max Bunge (a la sazón director de la revista), "El rendimiento del trabajo como factor de prosperidad", en la cual expresaba: "El Estado, los gremios obreros y las entidades patronales se hallan empeñados en tal fin tratando de mejorar los salarios, de establecer seguros, jubilaciones, asignaciones familiares, de dignificar la vivienda y darla en propiedad, de mejorar los servicios médicos y de instrucción general y especializada, etc. Asistimos a una verdadera cruzada en pro de la elevación del nivel de vida. Era tiempo que así fuera. El bajo nivel de vida de algunos sectores de la población, la imposibilidad de tener una vivienda digna y el creciente desarrollo del comercio y las industrias, lo justifican". (N° 311, pp. 138-139).

El teniente coronel e ingeniero militar Julio Sanguinetti se ocupó en insistir, en el medio militar de la época, en la necesidad de que el sector laboral se integrara a la economía de producción para la guerra.

En *Nuestro potencial económico industrial y la defensa nacional* (Biblioteca del Oficial, N° 331, 1946, 323 pp.), Sanguinetti incluyó, como capítulo III, la nota (publicada originalmente en *Revista Militar,* N° 538, noviembre de 1945, p. 975) titulada "La mano de obra como elemento básico del potencial industrial", en la cual pasaba revista a aspectos tales como: la mano de obra en tiempo de guerra, la proporción entre trabajadores y combatientes, las posibilidades de utilización del potencial humano en la Argentina, la distribución de la mano de obra, la distribución en los grandes sectores de la economía, la ocupación en las actividades industriales, el índice de productividad de la mano de obra, la política obrera y la guerra —en particular, la lucha de clases—, las huelgas, el trabajo de las mujeres y la desocupación. "Las dos últimas grandes guerras europeas —afirmaba Sanguinetti— han demostrado que el potencial industrial de un Estado es la fuente insustituible de los recursos materiales en que se afirma y hace pie el espíritu generoso de su pueblo, particularmente de sus fuerzas armadas, llamadas a cumplir el fin político supremo de la lucha, que no es otro que el aniquilamiento del adversario. La industria de una nación resulta ser así un instrumento de guerra en potencia; de su poderío puede llegar a depender su destino".

En el planteo de Sanguinetti, en consonancia con la política oficial llevada a la práctica por el gobierno Farrell-Perón, la eliminación de los conflictos sociales implicaba la adopción de una política activa por los comandantes de la defensa nacional, buscando potenciar el factor moral mediante la intervención correctiva de los niveles salariales del trabajador en relación de dependencia.

"Una política inteligente —escribía Sanguinetti en «La mano...»— debe buscar por todos los medios suprimir el odio y la lucha de clases; lucha que tiende a dividir la sociedad, que origina fuerzas negativas y de destrucción, que subvierte los conceptos de disciplina, jerarquía y cumplimiento del deber, que anula el espíritu de sacrificio y la moral, que mina el sentido del hogar y la Nación, en todo lo cual se funda justamente la fuerza y la grandeza de un pueblo. Si se acepta que la seguridad de un Estado reposa, en último análisis, en el potencial humano, integrado por la fortaleza espiritual y física de todos y cada uno de sus habitantes, no puede dudarse que la mejor orientación habrá de ser ésa. (...) Reflejadas la magnitud del mal que representan las huelgas para la economía nacional y sus causas más frecuentes, es evidente que la mayor preocupación habrá de ser remediar el problema más angustioso, vale decir, el de los salarios, que resulta ser la causa de las huelgas en un 70% de los casos. Se entiende que una sana política obliga a examinar su solución en forma integral, es decir, sin perder de vista el problema conexo del costo de vida. La mejor solución será aquella que procure a la población obrera las posibilidades de una vida sana y digna, moral y materialmente, para lo cual el trabajo deberá retribuirse cuando menos, con un salario mínimo justo, que le permita vivir de acuerdo con el costo medio de la vida".

Dos factores fundamentales para la defensa nacional

Otra cuestión importante para el sistema de defensa integral implicaba la interrelación del sistema económico, y particularmente el sector industrial, con el sistema militar.

Durante 1942 se publicaron en Buenos Aires cuatro libros importantes relacionados con ese tema: *El desarrollo industrial y la economía de guerra,* de Daniel Amadeo y Videla; *La post-guerra y algunos de los planes sobre el nuevo orden económico,* de Leopoldo Melo; *Política económica argentina,* de José María Sarobe (los tres, con pie de imprenta de la Unión

Industrial Argentina); y *La Universidad y el fomento industrial del país,* de Carlos Saavedra Lamas (Universidad de Buenos Aires).

También Ernesto Fantini Pertiné, en el capítulo IV de *Inquietudes militares de la época. Libro I* planteaba el tema "La economía política y las finanzas en sus relaciones con la guerra".

Por su parte, el general de brigada Jorge A. Giovaneli, en la nota "La guerra económica. Sus principios" (*Revista Militar,* N° 468, enero de 1940, p. 3), tras reiterar que "al carácter *total* que tiene la guerra moderna y a la necesidad de que, consecuentemente, la preparación de la nación para la guerra, en tiempo de paz, deba ser también total", afirmaba: "La guerra económica se define como *la lucha por la propia subsistencia de la población y de los ejércitos.* Ella afecta fundamentalmente la capacidad de resistencia de los pueblos para la lucha; según su éxito, levanta o mina poco a poco la moral y puede producir, en definitiva, el derrumbe de lo que se llama *el frente interior.* A medida que se retarda la decisión de la guerra por tierra, mar y aire, tanto mayor es la importancia que adquiere la guerra económica". Según Giovaneli, "éste es el problema que plantea la *guerra de masas;* por un lado aumenta la capacidad de resistencia y, por el otro, plantea el problema de la lucha económica". (También por Giovaneli: "La guerra financiera. Sus principios", en *Revista Militar,* N° 472, mayo de 1940, p. 823).

Asimismo, en *Revista Militar:* "El deber de esta hora", por el mayor Juan Rawson Bustamante (N° 473, junio de 1940, p. 1181); "Economía de guerra", por el teniente coronel Franklin E. Reyes (N° 474, julio de 1940, p. 25); "Qué es la economía de guerra", por Lucio Moreno Quintana (N° 487, agosto de 1941, p. 299). Desde el punto de vista de la gestión militar de la economía de guerra, *Revista del Suboficial* publicó: "Plan de emergencia para la defensa económica", por Juan Martín Baracat (N° 23, noviembre de 1939, p. 513). (Siendo el autor oficial de administración de 4ª e integrando la Comisión Técnica Asesora N° 1, ley 12.591, dicho trabajo "ha sido presentado y aprobado por altos funcionarios nacionales"); "Las industrias y la defensa nacional", por el mayor Ricardo Marambio (N° 34, octubre de 1940, p. 370); "Temas económicos. Algunas consecuencias inmediatas de la guerra en el comercio exterior argentino", por el oficial de Administración de 3ª Juan Carlos Laurens (N° 46, octubre de 1941, p. 376; N° 47, noviembre de 1941, p. 523; N° 48, diciembre de 1941, p. 632; N° 49, enero de 1942, p. 59).

El teniente coronel Julio Sanguinetti, en "La organización de la economía de la defensa nacional" (*Revista Militar,* N° 508, mayo de 1943, p. 879) reafirmaba: "La guerra moderna es una guerra total, conducida en sus tres dimensiones (por mar, aire y tierra), por un pueblo contra otro, recurriéndose a todas las fuerzas morales y materiales. Esto obliga hoy a un Estado a organizar su economía de defensa nacional, ejecutando un conjunto de trabajos y medidas de planificación y preparación, que le permitan obtener la seguridad económica durante la guerra". En consecuencia, Sanguinetti reputaba necesario que el país contase con leyes de trabajo obligatorio, de contralor y de locación de las industrias. A tal efecto, Sanguinetti diseñó un complejo organigrama administrativo-burocrático. Otras consideraciones de semejante tenor formulaba Sanguinetti, en el capítulo V de *Nuestro potencial...,* con el título "Las materias primas

y el potencial industrial". (Publicado anteriormente en *Revista Militar*, N° 540, enero de 1946, p. 43).
Resulta de vasta significación, por el tema y el autor, la nota: "Ley de fabricaciones militares", por el general de brigada Manuel N. Savio. (*Revista Militar*, N° 519, abril de 1944, p. 635).

Los conceptos de movilización industrial, ligados al desarrollo de las industrias militares estatales, anudaron en el planteo de Farrell sobre la relación entre Ejército e industria.

"La necesidad de recurrir al esfuerzo de la industria local, por la notoria carencia de elementos de importación —materias primas y máquinas— determinó un esfuerzo remarcable en los medios industriales argentinos, circunstancia que define un aspecto merecedor de ser valorado con justicia, no sólo por cuánto ha significado como beneficio material en la producción oportuna de elementos necesarios, sino por lo que ha dejado como enseñanza y por haber creado una vinculación doctrinaria y práctica entre dos factores fundamentales para la defensa nacional: el Ejército y la industria", expresó el presidente Farrell (*Mensaje y Memoria del Gobierno de la Revolución, 1943-1946*, p. 29), añadiendo que "la movilización industrial" era un "asunto totalmente nuevo en nuestro país, de fundamental importancia para la defensa nacional y cuyas enseñanzas al respecto alcanzan un valor apreciable" (p. 181).

Para ampliar el espectro ideológico subyacente en la mentalidad militar argentina que se consolidó hacia la década de los años 40, convendría dejar planteado, para eventuales futuros desarrollos, la influencia ejercida por el concepto organicista del Estado y por las teorías geopolíticas.

II. LA INNEGABLE TRADICIÓN CATÓLICA DEL PUEBLO ARGENTINO

VISIÓN CERTERA, ESPÍRITU CRISTIANO Y VERDADERA CONCIENCIA ARGENTINA

La educación pública era un aspecto medular para el *frente interno*. En consecuencia, vale enfocarlo como un tema en boga en los ambientes militares.

El gobierno de la Revolución de 1943 resultó permeable a la ofensiva que la Iglesia Católica venía desarrollando ostensiblemente y con renovada intensidad desde la carta pastoral del Episcopado, del 30 de mayo de 1936, que, apoyándose en la encíclica papal *Divini Illius Magistri,* deploraba que "las escuelas han sido alejadas de la verdad de Cristo". (*Revista Eclesiástica de Buenos Aires*, julio de 1936, pp. 433-439).

Al menos tres significativos textos de época ilustran sobre la creciente demanda de sectores católicos y nacionalistas para implantar la enseñanza de la religión católica en las escuelas públicas: C. Aguilar, A. Bunge, Castellani, Franceschi, Furlong, Palacio, etc. *La enseñanza nacional* (Cuadernos de Estudios, Buenos Aires, 1940); Leonardo Castellani, *Reforma de la enseñanza* (Difusión, Buenos Aires, 1939) (Introducción de Celestino Marcó); P. Lord Daniel, *Frente a la rebelión de los jóvenes. Nuevas orientaciones para la educación religiosa de la juventud* (Poblet, Buenos Aires, 1944): "¡He aquí un gran libro!", exclamaba el padre Hernán Benítez en el prólogo.

El padre jesuita Ernesto Dann Obregón pronunció en el Círculo Militar, el 27 de agosto de 1943, la conferencia "La instrucción pública y los problemas de la defensa nacional. Factores que contribuyen a la preparación moral del pueblo. Tareas directivas y ejecutivas que demanda preparar la intelectualidad de la población", oportunidad en la que sentenció lo que sigue: "Propicio en nombre de la defensa nacional un ambiente que desde el Director hasta el último de los encargados valoricen prácticamente esta trilogía de conceptos: ¡hombre, Patria, Dios! Queremos directores y profesores cuya filosofía no destruya con un materialismo positivista práctico lo grande, lo noble, lo constructor de esta tríada, porque, señores, si vamos a introducir a Cristo en las escuelas y la escuela no expulsa a Comte y a Littré y a Spencer y a Nietzsche, la obra constructiva no será tal. Sólo así puede ser verdad que la defensa de la Patria se hace desde los bancos de la escuela". (*Revista Militar,* Nº 512, septiembre de 1943, pp. 505-520).

El decreto 18.411/43, del 31 de diciembre de 1943, suscrito por el presidente general Ramírez, y refrendado por el gabinete nacional (Gustavo Martínez Zuviría, Luis C. Perlinger, César Ameghino, Benito Sueyro, Diego I. Mason, Alberto Gilbert, Edelmiro J. Farrell, Juan Pistarini), dispuso que en todas las escuelas públicas de enseñanza primaria, postprimaria, secundaria y especial, se impartiría la enseñanza de la Religión Católica, a cuyo efecto creaba la Dirección General de Instrucción Religiosa, en el ámbito del Ministerio de Justicia e Instrucción Pública.

Un texto ilustrativo sobre el contenido de la enseñanza religiosa introducida en los establecimientos de instrucción pública es el publicado por el Consejo Nacional de Educación: *Instrucción Religiosa y Cien Lecciones de Historia Sagrada.* Por los presbíteros Galo Moret, SS., y Juan Scavia, SS. - Edición oficial. Destinada a los maestros de escuelas dependientes del Consejo Nacional de Educación que dictan clases de Religión. Resolución del 5 de abril de 1944, Expediente 7291/P/944. (Con aprobación eclesiástica). Talleres Gráficos del Consejo Nacional de Educación, Buenos Aires, 1944.

La Carta Pastoral Colectiva del Episcopado Argentino sobre la implantación de la enseñanza religiosa en las escuelas públicas de la Nación, dada a conocer el 11 de febrero de 1944, encabezando a los firmantes el arzobispo de Buenos Aires y primado de la Argentina, Santiago Luis Copello, expresaba: "El Episcopado Argentino respondiendo fielmente a su propia misión espiritual, y también, a su solicitud patriótica que lo lleva a regocijarse de todo cuanto puede de manera efectiva contribuir a la verdadera grandeza de la Nación y bienestar de sus hijos, no puede dejar de destacar la fundamental importancia que tiene el Decreto sobre la implantación de la enseñanza religiosa en las escuelas, que figurará entre los más memorables del actual Gobierno Nacional, por haber sido dictado con visión certera, espíritu cristiano y verdadera conciencia argentina, por el Excmo. Sr. Presidente de la República, a quien nos complace renovar en esta oportunidad, nuestro reconocimiento más profundo y nuestras congratulaciones más expresivas, en nombre de la Iglesia y de nuestro pueblo católico, cuyo auténtico sentimiento conocemos como Pastores, y creemos fielmente interpretar y traducir, con esta declaración".

El presidente de la Acción Católica Argentina, Emilio Cárdenas, remitió al presidente Ramírez la siguiente nota: "V.E. y su gobierno merecen bien de la Patria por la clarividencia y decisión con que han sabido restituir a la niñez argentina su auténtico patrimonio, devolviendo a Cristo a nuestra escuela y nuestra escuela a Cristo. Del ambiente escolar así renovado, saldrán las generaciones puras y fuertes que la Nación necesita para su genuina grandeza e integridad moral, para la consecución de su unidad espiritual y la conservación de esa paz social que sólo puede cimentarse en los principios evangélicos y en la doctrina de amor del Divino Maestro". (*Boletín Oficial de la Acción Católica Argentina,* N° 261, enero de 1944, p. 10).

Resulta de útil consulta el *Informe* que, como Director General de Enseñanza Religiosa, Jesús E. López Moure elevó al Ministro de Justicia e Instrucción Pública en 1945. (Editado en folleto de 70 páginas bajo el título *Religión y moral,* Buenos Aires, 1945. Posteriormente aparecido en el diario *El Pueblo,* de Buenos Aires, del 20 al 29 de enero de 1946).

Asimismo, los textos en apoyo a la medida del gobierno de la Revolución de 1943, por: Rómulo Amadeo, *La enseñanza religiosa en las escuelas del Estado* (Rosario, 1944); Hernán Benítez, "Relaciones entre la Iglesia y el Estado en la enseñanza religiosa oficial" (en *Solidaridad,* Año I, N° 6, marzo de 1944); Gustavo Posse, "El decreto sobre la enseñanza religiosa en la escuela y la Constitución Nacional" (en *Criterio,* Buenos Aires, 10 de agosto de 1944, pp. 135-137); RP. Virgilio Filippo, *La religión en la escuela argentina. Estudio crítico sobre los fundamentos de la ley 1.420 y del decreto 18.411* (Lista Blanca, Buenos Aires, 1944); Monseñores Nicolás Fasolino y Antonio Caggiano, "La verdad acerca de la enseñanza religiosa" (en *Revista del Salvador,* Buenos Aires, agosto de 1945); Ismael Quiles, SJ, "Libertad de enseñanza y enseñanza religiosa según el derecho natural" (en *Ciencia y Fe,* Buenos Aires, julio-septiembre de 1945, pp. 7-44) (Vale confrontarlo con *Libertad de enseñanza y enseñanza religiosa.* Buenos Aires, 1956). En ese contexto debe entenderse la obra de J. Luis Trenti Rocamora, *Las convicciones religiosas de los próceres argentinos* (Huarpes, Buenos Aires, 1944). También sobre el tema: Salvador Dana Montaño, *La libertad de enseñanza y la enseñanza religiosa* (Difusión, Buenos Aires, 1948) y Faustino J. Legón, *La enseñanza laica frente a la Constitución Nacional* (Buenos Aires, 1949) (Prólogo a Máximo I. Gómez Fonrouge).

Al ponerse en práctica el decreto 18.411/43, la Dirección General de Enseñanza Religiosa dio a publicidad que "el porcentaje general, que arroja el 91,10% de alumnos de religión, contra 8,90% de moral, pone de manifiesto que la implantación de esta asignatura, en los planes de estudio, ha sido aceptada por una inmensa mayoría, sin obedecer a un simple impulso ocasional, sino a la innegable tradición católica del pueblo argentino".

Al comentar esa noticia, monseñor Gustavo Franceschi, desde las páginas de *Criterio* (N° 851, del 22 de junio de 1944, p. 583), afirmó: "Podemos asegurar, sin temor a equivocarnos, que la enseñanza religiosa en el corto tiempo que lleva desde que se implantara, ha dado ya resultados superiores a lo previsto. Y así se observa un entusiasmo real y apostólico en el cuerpo docente, lo que dice mucho en favor del profesorado de religión y moral, no obstante el apresuramiento con que ha debido ser nombrado. Por otra parte, debo destacar que entre las materias del bachillerato, ésta es la que se enseña con más unidad y unificación. A esto contribuyen las clases que se han organizado para profesores y cuya asistencia es obligatoria, el sistema de inspección de sacerdotes preparados para esta misión y las reuniones y consultas con los sacerdotes profesores que han sido inteligentemente distribuidos en todos los colegios. La reacción del alumnado ha superado también a los cálculos más optimistas. Según informes que se nos han suministrado, el 92 y fracción por ciento del alumnado se ha inscripto en religión y en algunos colegios, los que optaron por moral, han solicitado se les inscribiera de nuevo en religión".

En *Dios y Patria,* semanario mercedario publicado en la Basílica de Nuestra Señora de Buenos Aires (Gaona 1730), del domingo 4 de junio de 1944, monseñor Franceschi cargó contra los Estados Unidos, la potencia protestante que se vislumbraba como decisiva en el desenlace del conflicto mundial. "¿Puede usted afirmar que en este momento mismo, en este mayo de 1944, nosotros los católicos de América latina no tenemos motivos, y motivos enormes, de sentir recelo en cuanto católicos para con los Estados Unidos? Ante todo, de los Estados Unidos brota una continua y abundantísima corriente de acción anticatólica", clamó el sacerdote argentino, a la vez que deploraba "la tremenda propaganda comunista que sus agencias y radios (las de los Estados Unidos) han venido haciendo desde que la Unión Soviética entró en la guerra". (Bajo el título "La propaganda protestante entre nosotros", monseñor Franceschi se había pronunciado contra los Estados Unidos en la edición del 14 de mayo de 1944 del mismo boletín parroquial).

La obra de Ramiro de Maeztu, *Defensa de la Hispanidad* (Poblet, Buenos Aires, publicada por primera vez en 1942, pero escrita en 1934) contribuyó a exaltar a la España católica en el medio argentino. (Una investigación sobre el tema: Fredrick Pike, *Hispanismo, 1898-1936. Spanish Conservatives and Liberals and Their Relations with Spanish America.* Universidad de Notre Dame, 1971).

Como importantes ejemplos de posiciones católicas divergentes de las que prevalecieron en el medio argentino para promover el decreto 18.411/43 y las políticas educativas consiguientes, cabe evocar a Augusto Durelli, doctor en París en ciencias políticas, director de la revista político-cultural *Civilización,* colaborador de *Sur, Luminar* y *Orden Cristiano,* quien publicó *El nacionalismo frente al cristianismo* (Losada, Buenos Aires, 1940) para demostrar la incompatibilidad de las tesis nacionalistas con el cristianismo.

En el mismo sentido, Jacques Maritain pronunció una importante serie de conferencias en la Universidad de Yale, en agosto y octubre de 1943 y julio de 1944, publicadas por esa Universidad bajo el título *Education at the Crossroads;* conocidas por la versión francesa bajo el título *L'éducation à la croisé des chemins;* editadas en español como *La educación en este momento crucial* (Desclée de Brouwer, Buenos Aires, 1965).

Sobre las relaciones de la Iglesia Católica con el peronismo puede consultarse una abundante y rica bibliografía. Datos generales en: Juan C. Zuretti: *Historia eclesiástica argentina* (Huarpes, Buenos Aires, 1945) y *Nueva historia eclesiástica argentina. Del Concilio de Trento al Vaticano II* (Itinerarium, Buenos Aires, 1972); también en Guillermo Furlong, "El catolicismo argentino entre 1880 y 1930" en Academia Nacional de la Historia, *Historia Argentina Contemporánea 1862-1930,* volumen II, 1ª sección. El Ateneo, Buenos Aires, 1964. Juan Carlos Tedesco, *Educación y sociedad en la Argentina.* 1880-1945 (Solar, Buenos Aires, 1986). Valiosos antecedentes en: Néstor Auza, *Los católicos argentinos. Su experiencia política y social* (Claretiana, Buenos Aires, 1984), *Corrientes sociales del catolicismo argentino* (Claretiana, Buenos Aires, 1984) y los tres volúmenes de *Aciertos y fracasos del catolicismo argentino* (Claretiana, Buenos Aires, 1985, 1987 y 1988). Visión en favor de la Iglesia: Ludovico García de Loydi, *Cuatro poderosas razones imponen la enseñanza religiosa en las escuelas* (Buenos Aires, 1944) y el mismo autor, contra el gobierno de Perón: *La Iglesia frente al peronismo. Bosquejo histórico.* (CIC, Buenos Aires, 1956). Investigaciones sobre el tema, en general y con relación a aspectos específicos, publicadas a lo largo de tres décadas: Aldo Büntig (director), *El catolicismo popular en la Argentina* (Bonum, Buenos Aires, 1969); Hugo Gambini, *El peronismo y la Iglesia* (Centro Editor de América Latina, Buenos Aires, 1971); Carlos Chiesa y Enrique Sosa, *Iglesia y Justicialismo. 1943-1955* (Cuadernos de Iglesia y Sociedad, Buenos Aires, 1981); Carlos Chiesa, *Iglesia y Justicialismo. ¿Anatema o reconciliación?* (Cuadernos de Iglesia y Sociedad, Buenos Aires, 1984); José O. Frigerio, "Perón y la Iglesia. Historia de un conflicto inútil" (en *Todo es Historia,* Nº 210, 211 y 212, octubre, noviembre y diciembre de 1984) y *El síndrome de la "Revolución Libertadora": la Iglesia contra el Justicialismo* (3 volúmenes) (Centro Editor de América Latina, Buenos Aires, 1990); Abelardo Soneira y Juan Pedro Lumerman, *Iglesia y Nación. Aportes para un estudio de la historia contemporánea de la Iglesia en la comunidad nacional* (Guadalupe, Buenos Aires, 1986); Susana Bianchi, *La Iglesia Católica y el Estado Peronista. Notas para un proyecto de investigación* (Centro Editor de América Latina, Buenos Aires, 1988); Susana Bianchi, "La Iglesia Católica en los orígenes del peronismo" (en *Anuario del IEHS,* V, 1990, pp. 71-89); Abelardo Soneira, *Estrategias institucionales de la Iglesia Católica (1880-1976)* (2 volúmenes) (Centro Editor de América Latina, Buenos Aires, 1989); M. J. Lubertino Beltrán, *Perón y la Iglesia (1943-1955)* (2 volúmenes) (Centro Editor de América Latina, Buenos Aires, 1987); Fortunato Mallimaci, *Catholicisme et État militaire en Argentine (1930-1946).* Tesis de doctorado (École des Hautes Études en Sciences Sociales, París, 1988), la cual se publicó en versión muy abreviada bajo el título *El catolicismo integral en la Argentina* (Biblos, Buenos Aires, 1988); Diego Corallini y Daniel Rodríguez Lamas, *Encuentros y desencuentros de un pueblo. La Iglesia durante los gobiernos justicialistas* (Guadalupe, Buenos Aires, 1988); M. Ester Chapp y otros, *Religiosidad popular en la Argentina* (Centro Editor de América Latina, Buenos Aires, 1991); Mariano Plotkin, "La educación y el gobierno revolucionario de 1943", en el capítulo cinco de *Mañana es San Perón* (Ariel, Buenos Aires, 1994); Lila M. Caimari, *Perón y la Iglesia Católica. Religión, Estado y sociedad en la Argentina (1943-1955)* (Ariel, Buenos Aires, 1995); Loris Zanatta, *Del Estado liberal a la Nación católica. Iglesia y Ejército en los orígenes del peronismo. 1930-1943* (Universidad Nacional de Quilmes, Bernal, 1996). De esa obra, y relacionado con el tema de esta nota, vale atender en particular a las consideraciones que Zanatta formula bajo el título "La hegemonía ideológica de la Iglesia en los cuarteles" (pp. 218-225). También por Loris Zanatta,

Perón y el mito de la Nación Católica. Iglesia y Ejército en los orígenes del peronismo. 1943-1946 (Sudamericana, Buenos Aires, 1999).

También sobre el tema: John J. Kennedy, *Catholicism, Nationalism and Democracy in Argentina* (Universidad de Notre Dame, 1958) y las excelentes tesis por: Virginia Leonard, *Church-State Relations in Education in Argentina since 1943* (Universidad de Florida, Gainesville, 1973); Robert MacGeagh, *Catholicism and Socio-Political Change in Argentina. 1943-1975* (Universidad de Nuevo México, Albuquerque, 1974); Noreen Stack, *Avoiding the Greater Evil: The Response of the Argentine Catholic Church to Juan Perón (1943–1955)* (Universidad Rutgers, New Brunswick-Nueva Jersey, 1976); Michael Burdick, *For God and the Fatherland. Religion and Politics in Argentina* (Universidad de California, Santa Bárbara, 1992); Austen Ivereigh, *Catholicism and Politics in Argentina. An Interpretation, with Special Reference to the Period 1930-1960* (St. Anthony's College, Oxford, 1993). Asimismo: Robert MacGeagh, *Relaciones entre el poder político y el poder eclesiástico en la Argentina* (Itinerarium, Buenos Aires, 1987).

Una evaluación particular sobre "Las tendencias pedagógicas oficiales entre 1943 y 1946" es la que formulan Adriana Puiggrós y Jorge Luis Bernetti, en *Peronismo: cultura política y educación (1945-1955)*. (Galerna, Buenos Aires, 1993, pp. 84-88 y 316-317).

SIEMPRE HE SIDO UN FERVOROSO ADMIRADOR

Los ministros Gustavo Martínez Zuviría y su sucesor Alberto Baldrich, fueron las figuras centrales que llevaron adelante el programa católico nacionalista en la educación pública bajo el gobierno de la Revolución durante los años 1943-1944.

Al firmarse el decreto 18.411/43, bajo el ministerio de Martínez Zuviría, el Subsecretario de Justicia era José Ignacio Olmedo y el Subsecretario de Instrucción Pública, Manuel Villada Achával.

Una muestra de la proximidad de **Gustavo Martínez Zuviría** con los ambientes militares es el prólogo que escribió para el libro del coronel Juan Lucio Cernadas, *Estrategia nacional y política del Estado* (El Ateneo, Buenos Aires, 1938), en uno de cuyos párrafos decía: "Siempre he sido un fervoroso admirador de las instituciones armadas cuya vocación he tenido y he sabido inspirar a mis hijos, uno de los cuales ya es oficial del Ejército, otro sigue la carrera en el Colegio Militar y un tercero se apresta a iniciarla. Mis sentimientos, pues, nacen del fondo de mi corazón, y cada día reciben la indiscutible confirmación de los sucesos internacionales, que van demostrando cómo sólo se salvan de la anarquía y de la muerte aquellas naciones en que el ejército ha sabido conservar, por obra de sus jefes, sus cualidades esenciales: el amor a la patria, la disciplina y el permanente espíritu de sacrificio". ("El nuevo libro del coronel Cernadas", en *Revista Militar,* N° 455, diciembre de 1938, p. 1571).

Los libros *El Kahal* y *Oro* de Martínez Zuviría, quien firmaba con el seudónimo de Hugo Wast, verdaderos clásicos del antisemitismo argentino, fueron verdaderos *best sellers* de la época: se reeditaron nueve veces entre 1935 y 1942, con una venta de 35.000 ejemplares.

El padre Guillermo Furlong, en *La tradición religiosa en la escuela argentina* (Theoría, Buenos Aires, 1957) (edición ampliada y documentada de las conferencias pronunciadas en la provincia de Córdoba durante el año 1956) aplaude porque el decreto sobre enseñanza católica "lleva la firma del argentino que, en todos los tiempos más universalmente, más intensamente y más esplendorosamente, ha contribuido a la glorificación de la Argentina, fuera de los ámbitos de la misma: lleva la firma del doctor Gustavo Martínez Zuviría" (p. 115).

Oscar Ivanissevich evoca: "Tal vez el más grande de todos mis amigos por su integridad moral (es Gustavo Martínez Zuviría). (...) La ley de enseñanza religiosa que él escribió y logró darle vigencia, muestra bien cuál era su concepto de la realidad nacional que debía mantenerse a despecho de las fuerzas disgregadoras y destructoras de la argentinidad. Como lo sugirió el profesor Carlos I. Rivas, Gustavo Martínez Zuviría debe ser llamado *El Santo de la Pluma".* (*Rindo cuenta. 1893-1973.* Primer tomo. Buenos Aires, 1973, pp. 31-33).

ESTE EJÉRCITO DEL PRESENTE QUE HOY REVERENCIAMOS

Alberto Baldrich también presenta antecedentes de su actuación en el nacionalismo político y de su estrecha vinculación con el Ejército.

En su carácter de profesor de sociología en la Universidad Nacional del Litoral, publicó bajo el pie de imprenta del Instituto Social de dicha Universidad, en 1935, un texto de 22 páginas titulado *El problema de nuestros territorios nacionales. Contribución a la marcha de la argentinidad,* que puede considerarse una suerte de esbozo del programa nacionalista que animaría su actividad pública en la década siguiente: "La República Argentina presenta en estos momentos, entre otros, tres problemas de vital importancia, a saber: I. El de la formación moral de su pueblo. II. El de la organización de su economía. III. El de la argentinización de los territorios nacionales, especialmente la Patagonia" (p. 6). En la parte conclusiva expresaba Baldrich: "La soberanía política no se entrega ni se mendiga: se conquista. Y el férreo concepto histórico vale para su mantenimiento. Reconocerla como un bien significa pues, aceptación en la tarea de conservarla. La defensa nacional se torna así, función individual y colectiva, vinculada a la propia esencia del hombre actual" (p. 15).

El 27 de agosto de 1937, Baldrich pronunció en el Círculo Militar una conferencia titulada "Las instituciones armadas y la cultura".

Según la crónica del acto, "encabezada por el Excmo. señor Ministro de Guerra, una muy numerosa concurrencia, y entre ella muchas señoras, asistió a este acto cultural, en el cual, por no hallarse en Buenos Aires el señor Presidente del Círculo, general Molina, el señor conferenciante fue presentado por el señor vicepresidente 1º, coronel Luis C. Perlinger, pronunciando las conceptuosas palabras que reproducimos a continuación: «Quien va a dirigirles la palabra, es un abogado, un profesor de sociología en la Universidad del Litoral, que fue durante seis años profesor de Historia de la Civilización en 5º año del Colegio Nacional, que es Juez del Crimen desde hace ocho años y finalmente que es también un soldado no solamente porque es hijo de un distinguido general de nuestro Ejército, sino porque lo es él mismo como oficial de Reserva con servicios actualizados, ya que estuvo incorporado a las filas y tomó parte en las últimas maniobras. (...) Los severos principios de moral cristiana respirados en el hogar y los austeros conceptos que oyera de labios de su padre le escudaron, aunque no totalmente, contra la penetración de las ideas y conocimientos adversos a dichos principios, que exponían sus profesores en la Facultad. Egresado de ella, concreta paulatinamente sus convicciones en el sentido de que las Universidades no cumplen su misión por cuanto son sólo escuelas profesionales que preparan técnicos desconectados de la nacionalidad argentina, en vez de formar espiritualmente al hombre argentino. Sostuvo valientemente su tesis en un Congreso Universitario realizado en Rosario hace tres años, teniendo en su contra todos los profesores con excepción de dos». Finalmente, Perlinger destacó que Baldrich era el creador y director de la Fundación Argentina de Educación y Cultura «desde donde irradia para niños, jóvenes y adultos de ambos sexos su doctrina argentinizadora»".

En el transcurso de la conferencia, Baldrich se ocupó en primer lugar en destacar su afiliación a las instituciones militares: "Circunstancias accidentales fueron demorando mi ingreso a la carrera de las armas, según lo exigía mi vocación desde mi primer resolución en la Alemania Imperial, cuando los hijos del teniente coronel von Held, jefe del Regimiento de Ingenieros de la Guardia —mis compañeros y amigos muertos en la Gran Guerra— fueron ceñidos de armas en el Colegio Militar de Potsdam. Mis propias reflexiones y mis estudios razonados en la madurez de mi vida, me confirmaron a través de los años lo que antes me reveló el corazón: ¡la significación del ejército en la historia y mi vocación militar! Por esto, el ejército integra sentimentalmente, hoy como ayer, mi existencia, y la preparación militar en los ejercicios del cuartel y en las maniobras, y la digna camaradería con los jefes y oficiales de mi regimiento, el 11 de infantería, ¡ennoblecen mis horas y exaltan mi corazón!".

En la parte central de la disertación, Baldrich apuntó que su ponencia "tiende a mostrar la íntima relación que existe entre las instituciones armadas y la cultura, y como ellas, lejos de ser lo opuesto a la cultura, son precisamente un aspecto del mismo espíritu que la produce. Es más: son el sostén del programa cultural que expresa la Nación. En consecuencia, no les es indiferente que se rebaje o elimine esa cultura en cuyo servicio están embanderadas". Baldrich descalificó particularmente las ideas de Augusto Comte, y arremetió a continuación contra el sistema educativo argentino porque sólo preparaba "destrezas profesionales", "valores utilitarios comtianos", "labor de nihilismo y de negación". Sentenció: "Como no hay formación espiritual, no hay debido cultivo de argentinidad".

Baldrich concluyó propiciando la creación de liceos militares: "Para las Instituciones Armadas creadoras de la Nacionalidad y al servicio de un Ideal cultural, es fundamental que la educación cumpla la esencia de su misión, que es forjar la personalidad de las jóvenes generaciones argentinas, en función de los altos valores del espíritu y no de los valores utilitarios. Esta delicada e importante misión exige, por lo tanto, una reforma total de las bases del sistema educativo argentino. Y requiere, ante todo, otro tipo de maestro. Mientras se mantenga el normalismo y no se modifique a los universitarios que van a las cátedras, nada se resolverá. Se impone la creación de academias especiales, donde se proporcione a los educadores, ¡otra concepción del mundo y de la vida! ¡No se trata —como se ve— de cambios de programas y de métodos, sino de cambio de los cuadros ideológicos y sentimentales, en los cuales se basa la educación! Sólo así se logrará que las juventudes argentinas estimen el espíritu que hoy niegan los altos arquetipos sociales, el sentido de la Vida y de la Historia, y que tengan la conexión con las fuerzas vivas de la nacionalidad y la decisión de afirmar en el mundo la cultura greco-romana-latina, que es la nuestra, y de luchar por su difusión y mantenimiento. Insisto: no bastan hoy las meras palabras de: Patria-Ejército-Nacionalidad-Religiosidad ¡agregadas externamente al sentido oculto de nuestra enseñanza que hemos desenmascarado! Es menester que la educación demuestre que todo esto tiene justificación ante el sentimiento y la razón y ante la Historia. Y además: ¡jerarquía y arraigo es la esencia del hombre! Y hay que demostrarlo, porque en la actual lucha entablada, esos principios han sido puestos en revisión". (*Revista Militar*, N° 440, septiembre de 1937, pp. 549-572 y 724-728).

Baldrich publicó en *Revista Militar* (N° 446, marzo de 1938, pp. 625 a 630), la nota titulada "La formación de la personalidad espiritual argentina", en la cual afirmaba como tarea esencial del momento "devolver al hombre argentino la dignidad del trabajo". En el decir de Baldrich: "Consiste en eliminar del trabajo del hombre, el sentido de explotación —base y fermento material del marxismo— y en proporcionarle en cambio su carácter de dignidad. (...) La dignidad del trabajo, para todo argentino y todo habitante que se arraigue en nuestra nación, resulta así fundamentalmente diferente de la justicia social que postula el marxismo mediante la destrucción de los valores de la cultura occidental, para beneficio de una clase social con eliminación de todo lo que a esa clase social no pertenezca. Todo trabajador nativo o asimilado, trabajador manual o intelectual —para lograr una auténtica personalidad espiritual argentina—, necesita imprescindiblemente, sentir el trabajo como una dignidad y no como una explotación. De percibirse explotado y escarnecido en su noble acción productora de arte, ciencia, técnica, bienes o riqueza, traducirá la perturbación de su mente y de su corazón en actitudes antisociales y antiargentinas. Será el eterno revolucionario —franco o emboscado según su coraje— del odio y del resentimiento. El trabajo como dignidad y con sentido de colaboración en la grandeza nacional, permitirá, en cambio, que su pensar y su sentir logren expresiones propias de lo más profundo y más noble de su ser, visiones espirituales válidas en la religiosidad, el arte, la moral, la ciencia y la convivencia social".

En la misma nota, Baldrich sostenía que "la formación concreta de la personalidad espiritual argentina debe ser entre nosotros, obra del Estado"; que era necesario contar con "ideas madres comunes"; que "los bienes culturales y las valoraciones argentinas" eran la religión, la moral, el lenguaje, el arte, la ciencia y la técnica, lo heroico y lo militar, la organización social, jurídica y política, las características populares, la integración posterior. Otorgaba una consideración especial a "las fuentes tradicionales españolas", puesto que "todos los bienes culturales argentinos tienen esa procedencia".

En la continuación de la nota (*Revista Militar*, N° 449, junio de 1938, pp. 1417 a 1426) Baldrich insistía en ponderar las fuentes tradicionales griegas, romanas y cristianas. En la parte final sostenía: "Los argentinos venimos (...) de la cultura grecorromana-cristiana, a través de la España Imperial; descendemos de latinos españoles con fuerte integración italiana y ciertos complementos de otras nacionalidades, y nuestro destino consiste en realizar una expresión cultural propia dentro de esa cultura grecorromana-cristiana. Como nacionalidad, somos una posición concreta de la libertad, alta expresión de la capacidad de un pueblo para asumir responsabilidades de un destino propio en la Historia Universal. Nuestras instituciones armadas, que cada día se perfilan como lo más orgánico —en la plenitud de su sentido— dentro de la nacionalidad, encontrarán en la cultura grecorromano-cristiana nuestra auténtica fuente tradicional de donde partir para educar a la Nación. Pues, según la expresión de un mariscal europeo, no se puede prescindir del Ejército para educar a la Nación".

Otro texto importante de Baldrich es el folleto publicado en 1940 bajo el título *La ascendencia espiritual del Ejército Argentino.* (Nueva Política, Buenos Aires, 31 pp.).

Sobre esa base, pronunció en el Círculo Militar, el 26 de julio de 1940, la conferencia "La ascendencia espiritual del Ejército Argentino. La mística militar". (Reproducida en *Revista Militar,* N° 521, junio de 1944, pp. 1137-1165).

Según Baldrich, "es la mística militar el estado de espíritu en alto grado de perfección por el cultivo de determinadas virtudes propias del soldado, vinculadas a una fe, que afirma lo espiritual como realidad primera. Son esas virtudes y su cultivo las que enriquecen el alma del soldado. (...) Sostengo en síntesis estas cuatro premisas esenciales: 1°) ¡Que la ascendencia espiritual del militar argentino está nada menos que en los héroes de Grecia y Roma y en los paladines de la cristiandad española! 2°) Que hay una mística heroica en nuestra Institución Militar. 3°) Que el sentido del Ejército —determinado por los objetivos espirituales de esa mística heroica— fue primero la creación y luego el mantenimiento de una soberanía de la Cristiandad Católica. 4°) Que por estos valores, el Ejército Argentino, más que un Ejército es una Orden de Caballería. ¡La Orden de los Caballeros de San Martín!".

Baldrich se detuvo en exaltar la figura del Libertador: "San Martín [dio] al Ejército una mística heroica, o sea, la primacía del espíritu, la fe en la misión y el cultivo de las virtudes propias del guerrero. Adquirían así sus soldados la conciencia del sitio que el Ejército ocupaba históricamente en América y de lo que significaban en la Historia de la Patria. ¡Mística heroica, triunfante por la voluntad y el esfuerzo, sobre las negaciones de la geografía, el instinto de conservación y los cansancios! ¡Mística heroica que quedó vibrante en las entrañas mismas de la institución y en el corazón de sus soldados desde entonces hasta el presente! ¡Mística heroica de cuño hispano, fue el núcleo previo y fundamental, para que luego se asimilara y se realizara la valiosa táctica prusiana, corporizándose así, al final, este Ejército del presente que hoy reverenciamos!".

En la parte final, Baldrich subrayó que el Ejército Argentino "¡es la única institución argentina que pone al criollo en dignidad social, política y económica al convertirlo en soldado!". Y afirmó: "¡No hay política propia interna y externa, si no hay patria propia! ¡Y no hay patria propia si no hay ejército! ¡Por esto, tener patria y ser soldado, es una sola y misma cosa! De donde el Ejército, pese al resentimiento antimilitarista del burgués económico o abogadil, inventor de la teoría del militarismo instrumental y del peligro del General victorioso —como si toda Grecia, Roma y la Europa cristiana no fueran su obra—, ¡el Ejército es la típica y evidente expresión política de un pueblo constituido en soberanía!".

Sobre la actuación de Baldrich como interventor federal en la provincia de Tucumán, dispuesta por el Gobierno de la Revolución de 1943, puede consultarse la publicación oficial *Causas y fines de la Revolución libertadora del 4 de junio. Nueve meses de gobierno en la Provincia de Tucumán* (Tucumán, 1944). Particular interés revisten las disertaciones tituladas "Definición de la Revolución del 4 de junio y de su programa" (24 de septiembre de 1943), "Significación del Ejército Argentino" (6 de noviembre de 1943), "Consecuencias de la economía liberal. El problema de la niñez en Tucumán" (28 de diciembre de 1943) y el denso texto "Recuperación de los servicios públicos. Expropiación de la usina eléctrica de la ciudad de Tucumán" (pp. 143-146). Otro texto significativo lleva por título "El capitán Psichari. Un héroe de Francia", título de la conferencia pronunciada en el Círculo Militar el 4 de octubre de 1943 y en el salón de actos de la Caja Popular de Ahorros de Tucumán el 9 de noviembre del mismo año. La conferencia es un contundente alegato contra el liberalismo, abogando por los ideales de la reacción: "Encontró que la Francia auténtica no era la Francia calvinista ni la liberal, no era la Francia de Descartes, ni de los enciclopedistas, ni de la Revolución del 89, sino la Francia romana, la Francia de Carlomagno, del Rey San Luis, de la Universidad de París del siglo XIII y de Santa Juana de Arco".

El gabinete de la intervención Baldrich lo integraron: Adolfo Silenzi de Stagni, ministro de Gobierno, de Educación y Economía; Ramón Doll, ministro de Hacienda y Obras Públicas. Entre los directores de reparticiones se contó Antonio Juan Benítez, presidente de la Caja Popular de Ahorros.

Carlos Paez de la Torre (h) presentó en el Undécimo Congreso Nacional y Regional de Historia Argentina, realizado por la Academia Nacional de la Historia, en Córdoba, del 20 al 22 de septiembre de 2001, la ponencia "Tucumán 1943-1944: La intervención Baldrich", en la que sostiene: "No es arriesgado pensar que el Gobierno Provisional, dada la adhesión que recibía de los sectores nacionalistas (a pesar de que no habían participado en el golpe) quiso hacer con ellos un experimento en Tucumán, criterio que modificaría a partir de agosto de 1944".

El 2 de mayo de 1944, Baldrich fue designado Ministro de Justicia e Instrucción Pública; Orlando Peluffo, de Relaciones Exteriores; y Perón, de Guerra.

"Perón había reanudado, sin duda, su vinculación con los grupos nacionalistas más extremos y lo expresó rotundamente mediante esos nombramientos", apunta sagazmente Bonifacio del Carril (Memorias dispersas. El coronel Perón. Emecé, Buenos Aires, 1984, p. 55), quien incluye a Perlinger en el juego de poder ante la coyuntura.

Sobre algunas de las definiciones y acciones de Baldrich al frente de la cartera de Justicia e Instrucción Pública puede verse en esta publicación la crónica trazada sobre la semana conmemorativa del primer aniversario del Gobierno de la Revolución.

A la vuelta de los años, Baldrich publicó *Libertad y determinismo en el nacimiento de la sociedad argentina, La clase social dirigente* y *El capitalismo extranjero en Latinoamérica.*

En *Imperialismo y liberación nacional* (Huella, Buenos Aires, 1967), Baldrich volvía a ponderar "las luchas argentinas contra el Imperialismo Capitalista" y "los orígenes de éste y la sicología del hombre económico, lo que aclara el proceso histórico contemporáneo y las luchas de liberación nacional que realizan los pueblos de América". El ya veterano militante nacionalista se mostraba receloso del gobierno de facto instalado tras el golpe de Estado de junio de 1966, pero entusiasmado con la encíclica papal *Populorum Progressio* (capítulo VI, pp. 82-90). Al trazar un inventario del pasado argentino que lo tuvo como testigo y protagonista, Baldrich volvía en su adhesión a Perón, por entonces en el exilio: "Dos caminos había para ponerse a la altura de los tiempos, para insertar en el ahora y el aquí, todo lo nuevo que entraba en la historia. O el comunismo con su base marxista o el tradicional argentino. Perón y su Justicialismo realizaron el segundo. El Justicialismo se incorporó a la dinámica político social argentina con un extraordinario acervo popular en sus mochilas, con un movimiento obrero del que careció Yrigoyen y con un gran caudillo en la plenitud de su vida. (...) Lo que en el radicalismo fue oscura aspiración, tímido intento o fracasada realización, en la vanguardia de las conmociones sociales que significó Perón y su Justicialismo, fue amplia realización" (p. 44).

Vale apuntar que la vida pública de Baldrich concluyó como ministro del gobierno de Oscar Bidegain en la provincia de Buenos Aires, durante el gobierno justicialista surgido de los comicios del 11 de marzo de 1973.

III. AL AMPARO DE LA JUSTICIA QUE EMANA DEL ESTADO

La remuneración del trabajo en relación de dependencia fue la clave de bóveda de la política social del gobierno Farrell-Perón.

"En el espacio de tiempo que comprende este año, se han dictado normas, estatutos, reglamentaciones, contratos, convenios, etcétera, y se crearon organismos técnicos para regular y vigilar el estricto cumplimiento del propósito esencial de este Gobierno: asegurar al trabajador una retribución adecuada que le permita vivir decorosamente", señaló el presidente Farrell al dar cuenta de lo actuado por el gobierno de la revolución del 4 de junio, en su primer aniversario. (*Mensaje y Memoria del Gobierno de la Revolución*, 1943-1944, p. 27).

La Dirección General de Estadística de la Secretaría de Trabajo y Previsión, en la misma oportunidad, y coincidentemente, destacó que "la primera resolución que se ha dictado utilizando las series estadísticas (se refiere) al procedimiento que seguirá la Secretaría (...) para adaptar los salarios a las fluctuaciones del costo de vida". (*Mensaje...*, 1943-1944, p. 238).

El costo de vida, para evaluar el nivel de salario real de los trabajadores, pasó a configurar el siguiente paso de la política social del gobierno militar juniano, mediante la acción de la influyente Secretaría de Trabajo y Previsión.

"El primer dilema que se presentó al enfocar las directivas sociales, estaba planteado en los siguientes términos: se crean potentes instituciones de protección social que constituyan una valla en torno del trabajador para que pueda hacer frente a posibles crisis, que debemos prever, o se procede a combatir el estado de necesidad originado por la carestía de la vida. Al analizar con detención el verdadero sentido del dilema, fue posible apreciar que el estado de necesidad no era producido por una elevación circunstancial del costo de vida sino que era un mal endémico, sufrido como consecuencia del desnivel que, desde antiguo, existía ente las *necesidades reales y efectivas de la familia obrera y el nivel de las retribuciones*. Éstas venían siendo notoriamente insuficientes desde mucho tiempo atrás. No se trataba, pues, de una necesidad transitoria debida a una circunstancia que originara un accidental aumento del costo de la *vida,* sino que el nivel de *vida* era ya insuficiente en épocas normales, e, incluso, en momentos de auge económico llevaba aparejada el alza de los precios pero, rara vez, los salarios logran una adecuada correlación. Estas razones determinaron que el apasionante dilema fuera resuelto con una fórmula salomónica. Una parte de justicia se destinaría a la inmediata liberación de las retribuciones; otra, a las previsiones y garantías para el futuro de los trabajadores. Hacer de una vez todo lo que hacía —y sigue— haciendo falta era abrumar a la economía general del país con cargas excesivas y comprometer la eficacia de las mejoras concedidas. Para evitar retrocesos, que siempre causan descrédito y fomentan desaliento, se ha avanzado con precauciones, tanteando las posibilidades de penetración y consolidación subsiguiente. No hemos olvidado nunca que los derechos y los intereses de patronos y trabajadores —los resortes vitales de la economía—, podrían morir de asfixia o, por lo menos, ver entorpecido su desarrollo, si practicábamos experiencias arriesgadas o nos lanzábamos a contraproducentes radicalismos. De esta manera, las retribuciones han ido emparejándose con las necesidades esenciales de la familia obrera, por medio de innumerables convenios colectivos; la legislación ha sido retocada en ciertos aspectos que la realidad señalaba como perjudiciales, y la protección futura se ha delineado a través de breves etapas que han conducido a crear el Instituto Nacional de Previsión Social. No se nos oculta que la verdadera transformación que debe operarse en las relaciones entre patronos y obreros no debe basarse en la política de salarios o, por mejor decir, en los aumentos de salarios, que pueden perderse con tanta facilidad con que se logran. La verdadera protección la encontrarán los trabajadores en una organización potente de sus efectivos que opere conjuntamente con una potente organización del Estado de Derecho, que sea conocedor de las necesidades auténticas de todos los grupos sociales y administre justicia sin claudicaciones". (*Mensaje...,* 1943-1945, p. 328).

Un ejemplo concreto. El oficialismo celebró con consignas nacionalistas el 1º de mayo de 1944. Ese mismo día, el coronel Perón sintetizó con las siguientes palabras la política seguida por la Secretaría de Trabajo y Previsión a su cargo: "Buscamos suprimir la lucha de clases, suplantándola por un acuerdo justo entre obreros y patronos, al amparo de la justicia que emana del Estado". Y agregó con tono convocante: "Nadie ha golpeado inútilmente nuestras puertas, abiertas a toda demanda de justicia, a toda colaboración patriótica, a toda iniciativa generosa. ¡¡¡Ésta es vuestra casa, trabajadores de mi tierra!!!".

(El folleto con el discurso del coronel Perón, titulado *Trabajamos para todos los argentinos*, fue editado por la Dirección de Difusión y Propaganda de la Secretaría de Trabajo y Previsión). (Reproducido en *El pueblo quiere saber de qué se trata*, pp. 48-54).

El elenco de la Secretaría de Trabajo y Previsión, en junio de 1944, lo completaban:

Subsecretario de Trabajo y Previsión: mayor retirado Fernando de Estrada.

Consejo privado: Arturo Ludueña, José Augusto Rinaldi y capitán Juan Defeo Danino.

Dirección general de Trabajo: Armando P. Spinelli.

Director de trabajo: Juan Carlos Brusca.

Director general de Previsión: Juan Atilio Bramuglia.

Presidente del Consejo Nacional de Previsión Social: doctor Ramón J. Cárcano.

Director general de aprendizaje y trabajo de los menores: Juan José Gómez Araujo.

Director de Estadística: José Figuerola.

Director de Administración: José Ricardo Cristofani.

Director de Acción Social Directa: teniente coronel Domingo A. Mercante.

Director de Delegaciones Regionales: Juan R. Pichetto

Director de Difusión y Propaganda: Jorge Papillaud; secretario Enrique Lomuto.

Presidente de la Cámara de Alquileres: teniente coronel retirado Manuel A. Peña.

(*Boletín de la Secretaría de Trabajo y Previsión - Publicación oficial de la Secretaría de Trabajo y Previsión,* N° 2, junio de 1944).

De esa nómina, cabe distinguir a **José Figuerola**, uno de los principales cerebros y motores de la gestación del peronismo.

Figuerola había nacido en Barcelona en agosto de 1897. Se graduó de abogado a los 21 años, especializándose en Derecho Social. Fue secretario general en el Ministerio de Trabajo de España bajo la dictadura de Primo de Rivera. A su caída en 1930 se radicó en la Argentina. Realizó el primer censo nacional de desocupados en 1932, y estableció las bases de colaboración de los números índices del costo de vida y salarios, al año siguiente. A partir de 1934 se desempeño como jefe de estadística del Departamento Nacional del Trabajo. Perón lo confirmó en la Dirección de Estadística al crearse la Secretaría de Trabajo y Previsión (1943) y lo designó secretario general del Consejo Nacional de Posguerra (1944). Por decreto N° 1, del 4 de junio de 1946, fue nombrado Secretario Técnico de la Presidencia de la Nación, con rango de Ministro de Estado. De sus trabajos producidos en la función pública se destacan el censo profesional (1935), las encuestas sobre las condiciones de vida de la familia trabajadora (1933, 1935 y 1943) y la preparación del Plan de Industrialización (1945). Publicó: *Apuntes de derecho corporativo; Jornada de trabajo y descanso semanal; La colaboración social en Hispanoamérica; Las huelgas de ocupación; Teoría y metodología de estadística del trabajo; Organización social; Investigaciones sociales; Adaptación de los salarios a las fluctuaciones del costo de la vida; ¡Preso!*

En una nota presentada en 1961 en el Centro de Estudios Argentinos, presidido por Alberto Baldrich (y cuyo vicepresidente era José María Rosa), Figuerola señaló que con la Secretaría de Trabajo y Previsión "dio comienzo la más extraordinaria empresa a que puede aspirarse en los tiempos que vivimos: implantar la justicia social sin recurrir a la revolución social". (José Figuerola, *El gran movimiento social argentino*. La Huella, Buenos Aires, 1961. Prólogo de Alberto Baldrich. p. 40).

A modo de cierre de esta nota vale recordar que entre mediados de junio del 43 y junio del 44 fue cuando en el escenario del conflicto bélico mundial se produjo *el vuelco del destino*.

En ese sentido, deben examinarse las apuestas trazadas en la Argentina sobre el futuro de la alianza con el Reino Unido, las visiones apocalípticas sobre la percepción de la Unión Soviética como vencedora en el teatro continental europeo, y la persistente resistencia generalizada en admitir el liderazgo de los Estados Unidos.

SANIDAD MILITAR Y CONCIENCIA SOCIAL EN EL EJÉRCITO (1939-1945)

"Desde muy joven, cuando presenciaba la incorporación de los soldados a mi regimiento, frente al estado lastimoso en que llegaban, se había despertado en mí un profundo sentimiento social ante lo que todos considerábamos como una tremenda injusticia. Entonces más del 20% de los soldados convocados a filas, eran rechazados por debilidad constitucional (y miseria fisiológica y social) en un país que se ufanaba de contar con 60 millones de vacas. Al recorrer Europa pude persuadirme que causas semejantes habían generado idénticos efectos en las comunidades continentales y que el comunismo como los socialismos nacientes de la Europa de preguerra, no eran sino la consecuencia de una evolución indetenible".

Juan Domingo Perón formuló ese testimonio en el Prólogo, fechado en Madrid el 10 de abril de 1971, para la segunda edición del libro de Rodolfo Puiggrós, *El peronismo: sus causas*. (Carlos Pérez, Buenos Aires, 1971). (Nueva edición: Puntosur, Buenos Aires, 1988. También incluye el Prólogo de Perón). (La primera edición, Jorge Álvarez, Buenos Aires, 1969, no llevaba prólogo). Por cierto que a ese texto podrían agregarse bastantes otros del mismo tenor.

En la presente investigación, el autor se propone, sobre la base de fuentes del Ejército Argentino, aportar materiales que permitan comprender el sentido y alcances de la relación apreciable entre la sanidad militar y la conciencia social en el medio militar argentino al tiempo de librarse la

Segunda Guerra Mundial, coincidente con los años emergentes del movimiento político que lideró Juan Perón.
A tal finalidad, se han examinado los siguientes repertorios heurísticos:

— Memoria del Ministerio de Guerra presentada anualmente al Congreso Nacional (citadas en lo sucesivo bajo la sigla MG) entre 1938 y 1942.

La MG 1938-1939 y la de 1939-1940 fueron presentadas por el ministro general de brigada Carlos D. Márquez y las de los años 1940-1941 y 1941-1942 por el ministro general de brigada Juan N. Tonazzi.

— Memoria del Ministerio de Guerra presentada al Presidente de la Nación (MG), en el período 4 de junio de 1943 a 4 de junio de 1946.

Se publicaron en dos volúmenes: 4 de junio 1943-4 de junio 1945 y 4 de junio 1945-4 de junio 1946; ambos, firmados por el ministro general José Humberto Sosa Molina.

— Mensaje y Memoria del Gobierno de la Revolución, presentados por el presidente general Edelmiro J. Farrell (MyM), publicados anualmente (tres volúmenes en total), correspondientes al período 1943-1946.

Los generales de brigada Pedro P. Ramírez y Arturo Rawson revistaban en calidad de comandantes de la 1ª división de caballería, pasando el primero a comandar la 5ª división de Ejército (MG, 1938-1939), y posteriormente la Academia del Estado Mayor del Ejército; Rawson pasó a comandar la 1ª división de caballería (MG, 1939-1940) y luego a la Dirección General de Remonta (MG, 1940-1941); Ramírez pasó al comando del 1er. cuerpo de Ejército (MG, 1941-1942).

El coronel Farrell tuvo a su cargo el Centro de Instrucción de Montaña, jefatura del destacamento, en Mendoza (MG, 1939-1940 y 1940-1941); una vez ascendido a general de brigada pasó a comandar la 6ª división de Ejército (MG, 1941-1942). La jefatura del Centro fue asumida por el teniente coronel Juan Perón (MG, 1941-1942), quien revistó en dicho cargo desde el 1º de enero de 1942 al 4 de junio de 1943.

<small>Enrique Pavón Pereyra (*Perón. Preparación de una vida para el mando. 1895-1942*. Espiño, 1952), señala que "Perón conserva mucho de montañés en la conducta que observa en los primeros años de su ejercicio del poder" (p. 230). Páginas atrás, el mismo autor apuntaba que "las vicisitudes que se anotan en la carrera militar de Farrell y Perón muestran un sorprendente paralelismo" (nota 4, p. 222).</small>

— *Revista de la Sanidad Militar* (RSM), publicada por el Ministerio de Guerra - Dirección General de Sanidad.

El cirujano de Ejército doctor Guillermo Ruzo fue director interino de Sanidad desde el 9 de diciembre de 1938, y efectivo desde el 10 de octubre de 1939. Con motivo de su ascenso a cirujano mayor, se le ofreció a Ruzo un banquete-homenaje en el Alvear Palace Hotel, oportunidad en la que recibió numerosos y calificados mensajes de adhesión y reconocimiento. (RSM, julio de 1940, p. 535).

Por decreto del 3 de agosto de 1943 se dispuso que la Dirección General de Sanidad debía ser ejercida por un "oficial superior combatiente", por lo que el 12 de agosto de ese año asumió el cargo el general de brigada Víctor J. Majó, designándose como asesor e inspector técnico al cirujano de Ejército Ludovico Facio. El 2 de mayo de 1944 la dirección pasó al general de brigada Enrique D. Quiroga, secundado, como jefe del departamento técnico, por el cirujano de Ejército Juan Ángel Oribe. El 16 de febrero de 1945 asumió el cargo el general de brigada Alberto Guglielmone, a quien secundaría, a partir de mayo, el coronel cirujano Pedro R. Castro.

— *Revista de los Servicios de Ejército* (RSE), publicada por la Asociación Cooperadora Administrativa de Empleados, que desde enero de 1944 pasó a llamarse Asociación Mutual del Cuerpo de Administración del Ejército.

El general de brigada Arístóbulo Vargas Belmonte fue director de la comisión de instrucción de la Asociación hasta abril de 1944, siendo reemplazado por el mayor Ángel A. Ricotti, pasando aquél a director honorario.

— *Biblioteca del Oficial* (BdO), editada por el Círculo Militar.

Una nota de época: "Importancia de la obra que realiza la *Biblioteca del Oficial* en la preparación y perfeccionamiento de los oficiales del Ejército", por el general de división Jorge A. Giovaneli. (RM, N° 519, abril de 1944, p. 629).

— *Revista Militar* (RM), también publicada por el Círculo Militar.

Textos de consulta de época: *Desdoblamiento alfabético del material contenido en Biblioteca del Oficial y en Revista Militar,* por el capitán Juan V. Pollero (BdO, N° 273, 1941, 283 pp.) y *Desdoblamiento alfabético del material contenido en Biblioteca del Oficial y Revista Militar. Años 1941-1944,* por el capitán Juan Víctor Pollero Solá (BdO, N° 320a, 1945, 217 pp.).

El examen particular y la presentación excluyente de esas fuentes, tal vez permita destacar los aspectos distintivos del material citado, en función de aportar aspectos novedosos, que podrían integrarse a los diversos ensayos disponibles sobre las variadas cuestiones planteadas en torno de los orígenes del peronismo.

Todos los ganaderos se habrían ya arruinado

Las condiciones de alojamiento, especialmente en lo referido a la ventilación, la iluminación y la calefacción; la purificación de aguas (como factores sociales); la alimentación; el vestuario; la higiene personal (como factores personales); los ejercicios físicos y, en particular, la marcha y la fatiga (como factores operacionales), conformaban rubros centrales para la sanidad militar. Asimismo, era de destacar el papel del sanitarista en prevención de las enfermedades y en la recuperación de las enfermedades contraídas por el hombre dedicado, en acto o en potencia, al combate.

La experiencia de la Gran Guerra potenció el factor sanitario militar, extendiéndolo a la salud pública nacional. Las obras del francés Abram, de los estadounidenses Lombardy y Spire, y del alemán Schleich, publicadas en BdO, sirvieron para difundir en el medio militar argentino el creciente rol del sanitarista en la preparación y ejecución de la guerra.

Pablo Abram, en *Médicos y militares* (BdO, N° 157, 1931, 192 pp.) (Versión española de los mayores Justo P. González y Félix Best), se refería a la experiencia del servicio sanitario francés durante la Gran Guerra.

El médico general P. Lombardy y el médico teniente coronel C. Spire, en *Compendio de organización y funcionamiento del servicio de sanidad en tiempo de guerra. Principios de táctica sanitaria* (BdO, N° 222, 1937, 565 pp.) (Traducido del francés por el cirujano de brigada Pedro Barbieri), señalaban en el prólogo: "Por más perfeccionado que sea el material, el combatiente, el soldado, será siempre el elemento primordial en la batalla. Todo debe ser, pues, puesto en acción para protegerlo, conservarlo y recuperarlo. Esta pesada tarea incumbe al servicio de sanidad".

Bernard Schleich, en *Potencialidad militar y orientación del Estado* (BdO, N° 239, 1938, 271 pp.), expresaba: "La salud pública es, pues, un factor esencial en la potencialidad militar de una nación. Naturalmente, la salud pública puede ser influida en forma considerable por las condiciones y características de la vida social, lo mismo que por otras medidas. Generalmente, la pobreza de un pueblo determinará también una reducción de su capacidad militar, en tanto que la riqueza coloca en situación de mayor holgura a una parte mayor de la población, con evidente beneficio para su fuerza física y su salud. Evidentemente, empero, será de la mayor importancia la forma en que se halla distribuida esa riqueza entre los habitantes. Un pueblo pobre será generalmente también ignorante y no podrá hacer frente a las exigencias de una guerra moderna con su costoso equipo técnico. Un pueblo en tales condiciones poseerá, por lo general, una potencialidad militar reducida, no solamente como consecuencia del atraso y la ignorancia, sino también por su deficiente nutrición y educación física. Es obvio que sólo las naturalezas fuertes serán capaces de soportar la penurias de una guerra moderna, mientras que las débiles sucumbirán a ellas".

Desde Buenos Aires, los médicos militares sanitaristas Alberto Levene y Pedro Barbieri se destacan entre quienes trabajaron inicialmente con mayor intensidad en el planteo y difusión de los problemas atinentes a la sanidad militar, a la importancia del sanitarista militar y a la extensión de estas cuestiones al conjunto de los problemas generales del país, y no sólo de las fuerzas armadas.

Un importante antecedente es la labor del doctor Benjamín D. Martínez, según surge de sus obras: *Lecciones de higiene militar* (1900), *Manual de higiene militar. Texto oficial* (1906), *Alimentación regional del soldado argentino* (1908), *Estado higiénico y sanitario del Campo de Mayo* (1908); *Higiene militar. Lo que debe saber todo oficial del Ejército* (Tipográfica Carbone, Buenos Aires, 1912).

"Las tres agrupaciones humanas que más debe interesar a la medicina pública (...) son la escolar, la obrera y la militar", señala Martínez en *Higiene...* (p. 4), y agrega: "Al oficial, cuya manera de desenvolverse en el cumplimiento de sus obligaciones posee tantas múltiples facetas, tiene en más de una ocasión que actuar como higienista y a veces como médico, de aquí que le resulte de un interés sumamente palpitante en la vida práctica el de la ampliación de sus conocimientos sanitarios en el orden profesional" (p. 5).

El doctor **Alberto Levene**, cirujano de Ejército, que fuera profesor de Higiene Militar en el Colegio Militar de la Nación y director general de Sanidad, continuó ejerciendo influencia sobre los temas de su especialidad, según se comprueba por sus colaboraciones en *Semana Médica* y, en mayor medida, por sus obras *Lecciones de higiene militar* y *Curso de higiene militar.*

En *Lecciones...* (Editorial de Aniceto López, 1931) planteaba Levene: "El servicio militar obligatorio, con el aumento de los efectivos y la calidad del contingente que incorpora a las filas, ha venido a establecer definitivamente la importancia de la Higiene Militar, a tal punto que es hoy la preocupación no sólo de la dirección superior del Ejército, sino también de nuestro Parlamento, en donde con frecuencia se discuten también cuestiones de esta índole. Es que, además del sentimiento humanitario que obliga al gobierno a evitar a nuestras tropas sacrificios inútiles y desmoralizadores, está también el interés del Estado, pues cada soldado enfermo abre un claro en el efectivo, perjudicando la instrucción del conjunto y produciendo gastos para su cuidado y tratamiento que recargarían fuertemente nuestros presupuestos. En los casos de muerte aún son mayores los perjuicios, pues además de los inconvenientes enumerados, significa cada habitante que desaparece, una pérdida doblemente sensible para nosotros que formamos una Nación que, tal vez más que ninguna otra, necesita siempre el esfuerzo físico e intelectual de todos y cada uno de sus hijos".

Levene, en el capítulo II de *Curso...* (obra concluida en julio de 1936, de la cual existen dos ediciones: El Ateneo, 1936, 622 pp.; BdO, N° 253/254, 1939, 518 pp.), titulado "Higiene. Su objeto", tras recordar que "la higiene militar tiene por objeto el cuidado de la salud de los militares y del personal civil que tiene adscripto, tanto durante la paz como en la guerra", reafirmaba su posición sobre la importancia de su especialidad, la sanidad militar, para el Ejército y para el conjunto de la sociedad nacional, en estos términos: "Si se tiene en cuenta que la inmensa mayoría de la población militar en nuestro ejército la constituyen los conscriptos (85%), vale decir, la mejor juventud elegida entre la masa ciudadana, se comprenderá fácilmente el compromiso del Estado por su salvaguardia y la seria responsabilidad de la higiene militar para conservar tan valioso capital. Se explica así que toda preocupación de las autoridades sanitarias, nunca sea excesiva; es necesario a todo trance conservar íntegramente la salud de esta valiosa juventud, rodeándola de todas las garantías higiénicas posibles y proporcionarle el cuidado y los recursos necesarios en caso de enfermedad. Juventud sana, la más sana de la población, son los más robustos que nos ofrece cada clase, que comprende hoy más de 100.000 hombres, de entre los cuales elegimos más de 20.000 mejores físicamente, es decir, apartamos casi todos los mejores brotes juveniles, pues es sabido que de cada ocho individuos que nacen sólo cuatro llegan a la conscripción con buena salud, dos se han muerto y dos son rechazados a incorporación por defectos físicos. Impresionante pérdida de un 50% de la población, que ha hecho decir a un conocido higienista que, *si esa proporción de pérdidas se registrara en la ganadería, todos los ganaderos se habrían ya arruinado y la República Argentina no existiría como gran nación.* Como se ve, prestamos menos atención a la vida humana que a la vida animal. *El alambrado que colocamos para proteger al ganado, no lo plantamos delante de nuestros hijos para preservarlos de las enfermedades y de la muerte.* La misión de la higiene militar se hace aún más importante si se agrega que del resto de aquellos ocho nacidos sólo dos llegan sanos a los 40 años de edad y otros dos resultan ya inútiles para el trabajo y pesan sobre la sociedad. Debemos encarar, pues, con seriedad tan importante asunto, y no concretarnos a examinarlo únicamente a través de las estadísticas de morbilidad y mortalidad. En rigor, como hemos dicho, en el Ejército no se hace escuela de medicina social, pues nuestra institución no se hace cargo de los enfermos, sino que, por el contrario, los elimina cuando comienzan a ser una carga o un obstáculo para su finalidad: la preparación militar. Incorporado a las filas, el conscripto interesa principalmente como hombre sano, de acuerdo con el concepto moderno de la ciencia sanitaria. Y desde el momento que nos hacemos cargo de él, conscientes de su valor humano, tenemos la obligación, no sólo de conservarlo, sino también de mejorarlo, contribuyendo al perfeccionamiento de la nacionalidad. Conservaremos y estimularemos así la verdadera fuente de progreso social".

Buena parte del material contenido en Curso... había sido publicado por Alberto Levene, en RM: "La función social de la sanidad militar" (N° 395, diciembre de 1933, pp. 1107 a 1110); "La función social de la sanidad militar. (Continuación)" (N° 396, enero de 1934, pp. 29 a 51) (especialmente interesante es la II Parte: "El programa de acción de la sanidad militar y la preparación de los médicos militares"); "Profilaxis y tratamiento de las enfermedades contagiosas en el Ejército" (N° 399, abril de 1934, pp. 677 a 694); "El problema económico de la sanidad militar" (N° 401, junio de 1934, pp. 1243 a 1255) (la nota incluye como temas: la adquisición de material sanitario en sus fuentes de producción; el reaprovisionamiento de paz y el de y durante la guerra; la Droguería Nacional).

Curso... fue presentado por RM (N° 427, agosto de 1936, p. 446) bajo el título "Un libro muy importante", destacando que se trataba de "una obra de gran aliento y de gran utilidad para la institución militar y para los médicos en general", entre cuyos méritos, "apréciase (...) la oportunidad de su aparición toda vez que carecíamos de un texto de esta índole".

También el cirujano de brigada doctor **Pedro Barbieri** contribuyó a la toma de interés por los asuntos de la sanidad militar y en difundir la importancia de la misión del sanitarista militar.

En el artículo "Problemas a resolver por la sanidad militar argentina" (RM, N° 437, junio de 1937, pp. 1361 a 1365), Barbieri se ocupaba "de uno de (los) problemas que la guerra civil española hace de palpitante actualidad con el bombardeo de las ciudades más o menos abiertas, más o menos fortificadas, que se suceden casi a diario, sometiendo a rudo castigo a beligerantes y no beligerantes. (...) Se trata del servicio sanitario en las ciudades bombardeadas, y no sólo con proyectiles comunes, sino también con los incendiarios y los cargados con gases de combate".

En "La selección del contingente" (RSE, N° 42, junio de 1941, p. 616) (Clase dictada en el Centro de Instrucción de los Cuerpos Auxiliares del Ejército), Barbieri señaló: "El reclutamiento representa para la colectividad militar la base de la profilaxis, por cuanto, de un lado, mediante la selección de los individuos más válidos y resistentes se mantiene al Ejército en plena eficiencia, y, por otro, con la eliminación de los que padecen de enfermedades crónicas y, en especial, de afecciones contagiosas, se evitan posibles fuentes de contagio".

En "Higiene militar" (RSE, N° 67, julio de 1943, p. 40) Barbieri planteaba: "Dado el estado actual de las instituciones armadas, no se concibe un médico militar que no sea, ante todo, un higienista".

Barbieri continuó su prédica en RSE mediante una serie de notas publicadas bajo el título genérico de "Temas de higiene militar" (N° 69, septiembre de 1943, p. 406; N° 70, octubre de 1943, p. 534, N° 74, febrero de 1944, p. 209; N° 75, marzo de 1944, p. 311; N° 76, abril de 1944, p. 469; N° 77, mayo de 1944, p. 90; N° 79, julio de 1944, p. 85; N° 83, noviembre de 1944, p. 68;

N° 85, enero de 1945, p. 99; N° 90, junio de 1945, p. 869; N° 94, octubre de 1945, p. 1364; N° 95, noviembre de 1945, p. 1594).

También en RSE se publicó, por el teniente coronel Aristóbulo Vargas Belmonte, "La instrucción militar de los oficiales de Sanidad" (N° 17, mayo de 1939, p. 485), en la que destacaba que "el desarrollo y mantenimiento de tales aptitudes (las del servicio de sanidad en campaña) en los oficiales de nuestro Ejército, tienen desde hace mucho tiempo la importancia que hemos señalado; una prueba de ello, son los trabajos sobre servicios del ejército en campaña que se desarrollan en las direcciones generales, comandos y unidades de tropas, y los que se publican con tanta frecuencia, especialmente sobre el servicio sanitario, en nuestros principales órganos de difusión profesional": la *Revista de los Servicios de Ejército,* la *Revista Militar* y la *Revista de la Sanidad Militar.* Otros artículos sobre el tema, en RSE: por el cirujano de brigada Aníbal R. Verengo, "Servicio sanitario del Ejército en campaña" (N° 31, julio de 1940, p. 3; N° 32, agosto de 1940, p. 129); por el cirujano de regimiento José Opizzi, "Introducción de la medicina preventiva en el Ejército" (N° 73, enero de 1944, p. 56).

El enrolamiento anual de las clases importaba una tarea primaria del Ejército, sirviendo a la doble finalidad de la incorporación al servicio militar obligatorio y a la posibilidad de ejercer los derechos y deberes electorales.

Se advierte un salto cuantitativo (tomando como fuente MG) en el número de ciudadanos enrolados entre los años 1938 (clase 1917) y 1940 (clase 1919): pasó de 128.598 a 134.586 (en 1939) y 135.125 (en 1940).

La práctica periódica de la incorporación a filas, tras el enrolamiento militar, servía para la detección y control del porcentaje de analfabetismo entre los varones nativos de 20 años de edad. Así, la clase 1919 (año 1940) arrojó un saldo de 12,26% sobre el total de los enrolados y 21,18% de los incorporados.

También, según MG, entre los ciudadanos de la clase 1917, sobre el 21,70% de analfabetos incorporados, el porcentaje para los oriundos de Córdoba era del 22,52%; Santa Fe, 19,30%; Corrientes, 41,37%; Entre Ríos, 30,15%.

De mayor significación aun, a los fines de la incorporación a filas, era el reconocimiento médico, etapa que completaba el ciclo iniciado con el sorteo, la convocatoria y la presentación a tal reconocimiento.

Levene detalla las características de la aptitud física para el servicio militar, considerando la talla, el peso, el perímetro torácico, el índice de robustez, el índice de Pignet, la fuerza muscular y el examen clínico general. (*Curso...,* capítulo III).

En el año 1938 (clase 1917) fueron reconocidos 78.371 ciudadanos —que expresaban el 77,30% de los sorteados— de los que resultaron no aptos para el servicio militar el 46,57%; de ellos, resultaron clasificados categóricamente ineptos para el servicio militar el 12,38% y aptos para servicios auxiliares, el 34,19% (esta categoría implicaba que tales ciudadanos no se incorporaban a las filas, pero en caso de movilización serían llamados para ocupar sus puestos). (MG 1938-1939, p. 49; RSM, mayo de 1938, pp. 358 y 374).

Los sorteados de aquella clase significaban el 0,87% del total de la población del país, y los incorporados, el 0,28%.

El reconocimiento médico de la clase 1918 (incorporada en 1939) arrojó un saldo de 42,88% de exceptuados: 11,79% de ineptos y 31,09% para servicios auxiliares. (MG 1939-1940, cuadros estadísticos y p. 59; cifras algo diferentes en MG 1940-194, p. 58 y en RSM, julio de 1940, p. 556).

Los sorteados fueron el 0,86% de la población y los incorporados, el 0,28%.

El reconocimiento de la clase 1919 (año 1940) dio un 40,49% de exceptuados: 9,43% de ineptos y 31,06% para servicios auxiliares. (MG 1940-1941, pp. 51 y 58).

Un segundo ámbito de análisis está conformado por las razones de exceptuación de los reconocidos por la sanidad militar en los mismos años 1938 a 1940.

A este respecto, de la clase 1917 fueron declarados ineptos por:

Causa	*Por mil*
Debilidad constitucional	35,72
Falta de talla	3,49
Falta de peso	10,88
Enfermedades del aparato digestivo	16,54
Enfermedades de los ojos	10,14
Enfermedades de la piel y anexos	4,01
Lesiones congénitas, malformaciones, etc.	12,61
Lesiones traumáticas	1,68

Sólo aptos para servicios auxiliares fueron declarados por:

Causa	Por mil
Debilidad constitucional	115,87
Falta de talla	7,79
Falta de peso	16,68
Enfermedades del aparato digestivo	53,93
Enfermedades de los ojos	10,98
Enfermedades de la piel y anexos	29,57
Lesiones congénitas, malformaciones, etc.	65,21
Lesiones traumáticas	8,25

(RSM, mayo de 1938, p. 372). (MG 1938-1939 y MG 1940-1941 presentan cifras absolutas).

Levene, en *Curso...*, describe el caso del reconocimiento médico de los conscriptos de la clase 1912 (año 1933): sobre un total de 112.220, fueron examinados 56.220, de los cuales, 27.007 fueron exceptuados: 11.582 por ineptos absolutos y 15.155 para servicios auxiliares, por lo que resulta un porcentaje del 48%. Del total de rechazados, lo fueron por debilidad constitucional, el 25,3%; por enfermedades de la locomoción, el 10,9%; por lesiones traumáticas e intoxicaciones, el 9,8%; por falta de talla, peso y perímetro torácico, el 5,8%; por enfermedades del tegumento externo, el 4,9%; por enfermedades de los ojos, el 4,9%; por enfermedades del aparato circulatorio, el 4,4%; por enfermedades del aparato respiratorio, el 3,1%; varicosis y hernia, 3% en cada caso.

En la evaluación por los organismos superiores del comando militar, sobre las cifras de exceptuados y las causales fisiológicas determinantes, se advierte, en el pasaje de la década de los años 30 al comienzo de los 40, un cambio cualitativo.

Vale apuntar que en su caracterización del anteriormente citado reconocimiento, Levene, en *Curso...*, cuestionaba: "¿qué debemos hacer con esta enorme cantidad de lisiados de todas clases que anualmente descubre el llamado militar? Pensemos (...) que irán aumentando en las clases sucesivas, (que los declarados enfermos) se van sumando cada año y que veinte años más tarde o han muerto o han quedado inválidos, justamente en la plenitud de la vida, a los 40 años de edad, pesando terriblemente sobre la sociedad por su incapacidad y por los cuidados y recursos que requieren".

Las memorias presentadas bajo el ministerio del general Márquez (concordantes con el tipo de análisis que Levene planteaba en su más significativa obra escrita) revelan una posición crítica sobre el estado sanitario de la población, en la cual el conscripto era concebido en su capacidad activa integral. En consecuencia, la evaluación apuntaba a la gestión de políticas públicas de mejoramiento de la calidad de vida del conjunto de la población, particularmente en lo que concierne al rubro alimentario.

En MG 1938-1939 (p. 49) quedó reflejado que "las cifras (correspondiente al quinquenio 1934-1938) de los ciudadanos declarados ineptos para el servicio militar por distintas causas, van en aumento: diríase, como ya lo expresó este Departamento en la Memoria correspondiente al año 1937, que la masa de nuestra población estuviera decayendo físicamente, aserto que tiene aún mayor importancia si se considera que el reconocimiento médico de donde surge este dato, se practica en jóvenes de 20 años de edad".
(Igualmente: RSM, mayo de 1938, pp. 358 y 361).

Con mayor dramatismo, MG 1939-1940 (p. 59), señalaba: "Pese al referido descenso en los eliminados de las filas por afecciones físicas, lo cual es un síntoma favorable sin mayor importancia, este Departamento (de Guerra) reitera lo expresado en memorias de años anteriores en lo referente a la necesidad de intensificar en el medio civil, especialmente en el interior del país, todas aquellas medidas que redunden en favor del mejoramiento de vida y del estado sanitario. En el reconocimiento médico de los ciudadanos a incorporar, la debilidad constitucional acusa siempre un elevado índice. Sin lugar a dudas, podríamos afirmar que esto es una consecuencia de la deficiente alimentación a que se refiere la segunda conclusión de las deliberaciones de la Tercera Conferencia Internacional de la Nutrición, recientemente realizada: «América latina vive una verdadera tragedia por la subalimentación que afecta a todos sus países. Si en todos ellos es posible hallar poblaciones que se alimentan suficientemente, una parte muy importante no alcanza a comer lo mínimo que debe exigirse, para conservar la vida y permitir un rendimiento formal del trabajo humano». Lo expresado en la conclusión transcripta, coincide también con la desnutrición de gran parte de los ciudadanos que ingresan a las filas y explica la razón por la cual, al recibir de pronto la alimentación que le suministra el Ejército, los conscriptos aumentan de peso en un promedio de 823 por mil de incorporados. (...) El estudio de la curva de peso en las fichas de salud de los soldados conscriptos (en filas) evidencia siempre un aumento de peso, revelador de la alimentación adecuada del soldado; (por lo tanto) el estado de desnutrición que en tantos casos se encuentra (el conscripto al tiempo del reconocimiento) no es sino la consecuencia directa de la alimentación deficiente e inadecuada que tuvieron antes de ingresar a las filas". (Igualmente: RSM, julio de 1940, pp. 556 y 558).

En las memorias suscritas por el ministro general Tonazzi, el problema se presentaba relativizado, en términos comparativos, incluso con la situación de otras fuerzas armadas activas en el conflicto bélico internacional, conceptuándose en consecuencia al conscripto en su calidad de eventual combatiente. Por lo tanto, quedaba asumido que correspondía específicamente al Ejército la adopción de medidas sanitarias que evitasen o disminuyesen la morbilidad en filas.

"Considero oportuno —expresaba Tonazzi (MG 1940-1941, pp. VIII y IX)— referirme también a otra cuestión que estimo de interés porque de ella han surgido conceptos equivocados que deben ser rectificados oficialmente. El reconocimiento anual de los conscriptos ha dado origen a comentarios que reflejan cierta alarma por haber entendido que el índice de capacidad física de nuestra población se halla en retroceso. Es evidente, que esta impresión se apoya en datos estadísticos que acusan un alto porcentaje de ciudadanos no aptos para el servicio de las armas, pero, como es necesario no equivocar el verdadero valor de los términos, conviene llevar la cuestión a sus reales proporciones. El concepto de no apto para el servicio de las armas tiene entre nosotros un significado convencional; siempre elevado el número de ciudadanos que entran anualmente en edad militar y no permitiendo el reducido presupuesto de guerra sino la incorporación de un tercio de la clase, es evidente que puede llevarse a límites de alta rigurosidad las exigencias para la selección física del personal. Este sistema trae como consecuencia la eliminación del servicio de las armas de todos los ciudadanos que no presenten un elevado índice de buena salud y un físico perfectamente apto. Este procedimiento selectivo, que no puede ser adoptado por aquellos países que necesitan incorporar grandes efectivos a las filas del ejército de paz, es el que ha dado origen por comparación con lo que ocurre en dichos países, a la suposición errónea de que la capacidad física de nuestra población joven acusa una decadencia alarmante".

El "Informe de la Dirección General de Sanidad", que integraba la referida MG 1940-1941, añadía (p. 51): "Como la observación de años anteriores evidenciara que a raíz de la incorporación de los conscriptos aparecían novedades en el estado sanitario por llegar a las filas ciudadanos con un deficiente índice general de salud o convalecientes de enfermedades infecciosas, etc., se dispuso que los cirujanos militares adoptaran desde el comienzo todas las medidas de profilaxis que pudieran ponerse en juego para evitar la aparición de epidemias a la iniciación del período; el estado general de salud conseguido en las tropas, que ha sido mejor que el de años anteriores, fue el resultado de esa precaución. Se adoptaron las medidas pertinentes para que la selección del contingente fuera lo más escrupulosa posible, a fin de no incorporar ciudadanos carentes de las condiciones físicas necesarias para tolerar las actividades militares". Agregaba: "El cuadro N° 1 evidencia que desde el año 1928 a la fecha el porcentaje de ineptos y de servicios auxiliares que arrojan los reconocimientos médicos se mantiene prácticamente igual. (...) El estudio del cuadro N° 2 pone de manifiesto que la causa primordial en la clasificación de ineptos y servicios auxiliares es la debilidad constitucional resultante de la falta de conciencia sanitaria que tiene nuestra población, la cual no posee la cultura higiénica suficiente para condicionar su vivienda y para regular su alimentación; es indiscutible que el día que se consiga mejorar las condiciones de vida del medio civil, la alta cifra de clasificados ineptos o servicios auxiliares por debilidad constitucional ha de disminuir sensiblemente".

En coincidencia con el tono de la memoria de Tonazzi del año anterior, MG 1941-1942 no revelaba las cifras sobre ciudadanos enrolados e incorporados analfabetos ni las de exceptuados por enfermedades en el reconocimiento médico.

En ese mismo sentido se alineaba el cirujano de brigada (RA) Pedro Barbieri, quien señaló en la nota "La aptitud física del ciudadano argentino para el servicio militar" (RSE, N° 78, junio de 1944, p. 95): "Se ha dicho en ciertos círculos y deplorado la falta de capacidad física del ciudadano argentino en general, para las tareas del servicio militar, señalando el peligro grande que entraña para la defensa nacional. Las cifras que tanto alarman a los comentaristas los llevan a considerar que el 30% de los ciudadanos de 20 años convocados, resultan inútil para el servicio. A existir esa proporción, que no es excesiva como se verá en el curso de este trabajo, ello responde a causas remediables; pero antes de proseguir hemos de manifestar que la comparación que se establezca con las cifras de otros países no es en desmedro de las argentinas. Las del ejército alemán dan un por ciento de aptos para todo servicio de 45 a 50 en las grandes ciudades del país y de igual cantidad en las regiones menos pobladas. (...) En el año 1940 —agregaba Barbieri—, de 85.628 sujetos examinados han resultado aptos para el servicio con armas 51.547, lo que da un por ciento muy halagüeño de 59,5, y si se agrega a esta cifra la de los declarados para servicios auxiliares, que no se incorporan al Ejército por razones de presupuesto, pero que también son aptos y que suman 28.807, llegamos a la cifra de 78.544 ciudadanos que pueden ser incorporados al Ejército ya con armas o con otras funciones, pero siempre incorporables en caso de guerra. Esto quiere decir que la conscripción del año que analizamos y que no es por cierto de las mejores, da un por ciento de incorporables de 90,5, dejando para los inútiles algo menos del 10".

Como contrapartida, José Opizzi, en *La capacidad física del soldado argentino* (BdO, N° 298, 1943, 162 pp.), se hacía cargo que la no incorporación a las filas, en el año

1939, del 16,4% de los ciudadanos reconocidos por falta de peso o debilidad constitucional, "evidencia desnutrición, es decir, deficiente alimentación en nuestra masa ciudadana", por lo que "estas cifras son sumamente alarmantes". El mismo sanitarista observaba que "en el conjunto incorporado, el 45% tiene un índice de Pignet por encima de 20, lo que evidencia, también, deficiencias físico-somáticas por desnutrición". Sobre la base de un estudio realizado durante el año militar 1940 de diez grupos de soldados conscriptos de constitución biotipológica semejante, con el objeto de "poner en evidencia, prácticamente, las diferencias que existen entre la constitución biotipológica y la capacidad física", Opizzi trazaba las siguientes deducciones: a) El desarrollo de los sujetos estudiados está, en casi todos los casos, por debajo del biotipo en su grado: son hipoevolucionados; b) en todos los casos estudiados, no existe relación entre la constitución biotipológica y la capacidad física; c) existen relaciones antropométricas que no es posible modificar, por ser congénitas; d) la masa corporal absoluta es, en la mayor parte de los casos, inferior a la que corresponde a su biotipo correspondiente; e) en todos los casos, el desarrollo cardioarterial, muscular, sanguíneo y sexual es normal, pero en la mayoría de los casos tal desarrollo es inferior al que corresponde al biotipo correspondiente. Opizzi, bajo el título "Resumen general", concluía señalando: "Considerado biotipológicamente, nuestro individuo tiene que evidenciar características comunes a las razas que han contribuido a su formación; el resultante es un producto bueno, en general, pero no noble, como debe ser una unidad racial. La consecuencia lógica es una hipoevolución física general, es decir, una evolución inferior al biotipo correspondiente. (...) Desgraciadamente podemos afirmar que, en nuestro país, existen muchos factores que, para gran parte de la población, actúan desfavorablemente. Dichos factores negativos son muy conocidos: existe una desnutrición general en nuestras clases menesterosas, no hay un hábito higiénico regularmente dirigido, abundan zonas patógenas, etc. Si a la deficiente capacidad física de nuestra población se le suma dicha influencia negativa, el resultado debe ser necesariamente desalentador: es el resultado comprobado en las estadísticas militares de la incorporación. Hemos planteado, así, el principal dato del problema: el índice de la capacidad física de nuestra masa ciudadana se encuentra por debajo de la que corresponde al biotipo correspondiente. Para completar el problema, falta un dato: el objetivo a lograr, que es el aumento de la capacidad física de nuestros futuros soldados".

A fin de ampliar la repercusión pública de problemas sociales relacionados con la defensa nacional, se transmitieron una serie de conferencias por LS1 Radio Municipal, con el auspicio del Ministerio de Guerra, por intermedio del Comando de la 1ª región militar, bajo el general José María Sarobe. (Recopiladas en el libro *Una nación en marcha*, Buenos Aires, 1942). En una de ellas, el médico Rodolfo Bullrich se refirió al tema "La salud del conscripto argentino, los problemas médico-sociales que comporta". Tras destacar que la expectativa de vida era de sólo 46 años en la ciudad de Buenos Aires bajando a 23 años y meses en la provincia de San Juan, dicho conferencista proclamó: "No creo que se necesite mucho más para declarar que en un pueblo de natalidad deficiente y de alta morbilidad y mortalidad infantiles, el futuro del ejército argentino, de los ciudadanos llamados a defender la Patria en caso de emergencia, ofrece perspectivas sombrías. Francia, con su despoblación por descenso de su natalidad, es un ejemplo trágico de ello. Hemos de recordar las tristes expresiones del mariscal Pétain cuando, explicando las causas del desastre reciente de su patria, citaba, precisamente, la baja natalidad como uno de los factores de la derrota. El ejemplo contrario de Rusia, de Italia y de Alemania, bregando en toda forma por acrecentar su natalidad demuestra la importancia de estos elementos en la vitalidad de las naciones". En la parte conclusiva de su conferencia radial, expresó Bullrich: "(...) debemos reaccionar contra la desidia y la incomprensión y dictar las leyes sanitarias y sociales necesarias para luchar contra la enfermedad y la muerte y elevar el standard de vida de nuestro pueblo, factores esenciales para acrecentar la natalidad y asegurar la salud de la juventud de la República".

La morbilidad y mortalidad durante el año militar importaban esencialmente a la sanidad del Ejército. En 1938, la estadística de morbilidad general revelaba que habían enfermado el 374,25 por mil de los efectivos; ese mismo año, murieron el 5,32 por mil de los efectivos, de los cuales 3,10 correspondieron a enfermedades infecciosas (neumonía y bronco neumonía) y 2,19 a enfermedades comunes (venéreas, el 0,02). (RSM, junio de 1939, pp. 451 y 454, continuación de la "Memoria de la Dirección General de Sanidad. Año 1938. Elevada a S.E. el Sr. Ministro de Guerra por el director interino, cirujano de Ejército Guillermo Ruzo"). De modo que correspondía a sanidad militar resolver el problema de la baja de efectivos durante el año militar. Tomando cifras de 1939, el término medio de efectivos en enero alcanzaba a 44.430, bajando a 41.522 en septiembre. (RSM, octubre de 1939, p. 359).

De allí que la necesaria y creciente rigurosidad en el reconocimiento médico de las clases resultase de gran importancia para el Ejército, a fin de impedir la morbilidad en filas, lo cual acarreaba trastornos en la instrucción, aumentaba los costos por sanidad y terminaba afectando el eventual empleo de las reservas.

La circular emitida por la Dirección de Sanidad el 14 de octubre de 1939 sobre reconocimiento médico de la clase 1919 advertía: "Es necesario que los cirujanos se compenetren de la responsabilidad que significa para sí y para la alta dirección del Ejército, incorporar elementos que, a poco andar, constituyen una verdadera carga para el Estado, por cuanto no sólo gravita su mantenimiento en los presupuestos, sino porque al ser dados de baja más tarde, dejan un claro que no puede llenarse por haber pasado ya el período de reemplazo; vale decir, han ocupado un lugar que correspondía a otro hombre, que si hubiera tenido el vigor físico que es necesario para soportar bien las exigencias de la vida militar y que la Sanidad Militar tiene el deber de proporcionar al Ejército, hubiera completado su período de instrucción, pasando a formar parte de una reserva capaz de responder físicamente a los esfuerzos que ulteriormente pudiera exigírsele". (RSM, octubre de 1939, p. 872).

Saltando sobre el ciclo del conflicto bélico internacional, MG 1945-1946 (p. 141) volvía sobre el particular y se limitaba a señalar: "El reconocimiento de la clase 1925, fue motivo de especial selección, aumentándose las exigencias de las aptitudes físicas de los ciudadanos y se efectuó el catastro radiográfico correspondiente. Estas medidas, que si bien exigen un trabajo más intenso y una erogación mayor, disminuyen los cuadros de morbilidad representando una economía muy superior, ya que contribuye a disminuir las pensiones que deben otorgarse por inutilidad física".

Paralelamente, el Ejército fundamentaba que durante el año de servicio militar se disminuía y virtualmente eliminaba el analfabetismo entre los conscriptos.

En MG 1939-1940 figuraba la estadística de la cantidad de soldados conscriptos analfabetos de las clases 1915 a 1917 inclusive, incorporados al Ejército, con indicación del porcentaje de los que aprendieron a leer y escribir: 1915: 87,21%; 1916: 86,49%; 1917: 87,87%.

MG 1940-1941 revelaba que en la clase 1919, sobre 39.093 incorporados, 8.280 eran analfabetos, es decir, el 21,18%, de los cuales casi el 90% dejó de serlo estando bajo bandera.

También presentaba una fuerte implicancia social, reivindicada por el Ejército, el mejoramiento del estado de salud, las condiciones generales de higiene y la capacidad física en los conscriptos.

Según consta en MG 1940-1941, el ministro Tonazzi destacó que "el aumento de los efectivos del Ejército contribuiría no sólo a la satisfacción de necesidades de índole puramente militar, sino también de otras de orden social, pues permitiría el mejoramiento físico de un buen número de ciudadanos que se beneficiarían directamente en su salud y en sus aptitudes físicas con evidentes ventajas para la formación de nuevas familias y para un mejor rendimiento de trabajo en la vida civil".

En la misma MG, la Dirección General de Sanidad ratificaba que "el resultado del mejoramiento físico que se observa en los ciudadanos incorporados a las filas, la vida higiénica, la vida adecuada y la regulación de las actividades físicas hacen que casi el 100 por ciento de los ciudadanos incorporados aumenten de peso en forma notable y mejoren sus condiciones físicas en forma realmente sorprendente".

RSM (agosto de 1940) presentaba, sobre el reconocimiento médico de la clase 1917, practicado en el año 1938, que de los 37.236 incorporados, aumentaron de peso el 82,28% y de perímetro toráxico, el 65,29%.

Opizzi (*La capacidad...,* p. 110) escribe: "La ley del servicio militar responde a la necesidad de capacitar a los ciudadanos para la defensa nacional; a tal fin en el año que se incorpora a las filas, se le instruye en el manejo de las armas y se le da la capacidad física necesaria para sobrellevar la sacrificada vida de campaña. El aspecto físico de la instrucción tiene, por consiguiente, la misma importancia que el aspecto técnico. (...) La vida cuartelera inculca en el hombre hábitos que desconocía hasta entonces; le hace aumentar las fuerzas y la capacidad de trabajo; lo alimenta mejor y le proporciona un mayor grado de salud. Muy difícilmente ese hombre, al volver a su antiguo ambiente, olvidará los factores que en la vida cuartelera le dieron una mayor capacidad física, y tratará entonces, de superarse, a fin de crear un nuevo ambiente, similar al que lo benefició".

Levene (*Curso...,* capítulo V) se había ocupado particularmente de los procedimientos de educación física, así como de los riesgos de fatiga, surmenage e insolación en filas.

(También sobre el tema: "El Ejército y la educación física", por el maestro de gimnasia y esgrima de 2ª Samuel Tomás Borghelli, en RM, Nº 524, septiembre de 1944, p. 627).

EN LA EDAD DE SU MAYOR RENDIMIENTO

La tuberculosis (y en general, las enfermedades infecciosas) prolongó su gravedad para la salud pública en la Argentina durante la década de los años 30.

Los trabajos del doctor Rodolfo Vaccarezza ejercieron vasta influencia en el medio sanitario argentino, figurando entre los más citados por los sanitaristas militares.

Así, por ejemplo, en las notas: "Nuevas orientaciones de la profilaxis de la tuberculosis en el país", en *Revista Médica de Cuyo*, 1925, tomo II, Nº 19 y 20, p. 5; "Sección profilaxis y asistencia de la tuberculosis", en *La Semana Médica*, 1926, tomo I, p. 1183.

La ley 12.317, del 3 de octubre de 1936, dispuso la declaración obligatoria de los casos comprobados o sospechosos de las enfermedades contagiosas o transmisibles, en todo el territorio nacional, siendo la autoridad de aplicación el Departamento Nacional de Higiene, dependiente del Ministerio del Interior.

La ley dividía tales enfermedades en dos grupos: A) cólera, fiebre amarilla, peste (bubónica, neumónica o septicémica), viruela, tifus exantemático; B) difteria, escarlatina, sarampión, coqueluche, fiebre tifoidea o infecciones paratifoideas, fiebre recurrente, meningitis cerebroespinal, encefalitis letárgica o epidémica, poliomielitis, parálisis infantil o enfermedad de Heine Medin, disentería (amibiana o bacilar, epidémica), gripe epidémica, dengue, tuberculosis en todas sus localizaciones, lepra, carbunclo, rabia, leismaniosis, paludismo o malaria, anquilostomiasis, fiebre puerperal en las maternidades u hospitales, oftalmías purulentas, tracoma, paperas o parotiditis epidémicas.

El planteo gubernamental del problema de la tuberculosis alcanzó una formulación concluyente en la investigación —cuyas cifras estadísticas abarcaban de 1911 a 1930— concretada por los doctores Miguel Sussini (presidente del Departamento Nacional de Higiene), Juan Roberto Paso (secretario general) y Adela Zauchinger (jefa de la sección Demografía y Geografía Médica), bajo el título *La tuberculosis en la Argentina. Evolución de la mortalidad.* (Departamento Nacional de Higiene, 1937, 95 pp.).

Según dicho informe, en el concierto internacional, la Argentina figuraba entre los países que registraban una mediana intensidad de mortalidad tuberculosa, con una tasa de 12,5 defunciones por 10 mil habitantes.

Conforme el cuadro XXXIX, la tasa de la Argentina resultaba semejante a la de España (12,3), Suiza (12,4), Suecia (12,5) y Lituania (12,8). Uruguay ascendía al 13,7 y Chile, al 25,5. En México, era del 7,7; Estados Unidos, 7,1; Alemania, 8,7; Italia, 11,1; Reino Unido, 9,0.

Los autores concluían su investigación en estos términos: "El fenómeno señalado en todos los países civilizados cuyo estado sanitario mejora netamente, y que consiste en una fuerte regresión de mortalidad tuberculosa, más pronunciada que el descenso de la mortalidad general, no ha sido dable comprobarlo en nuestro país. En efecto, si bien la mortalidad por tuberculosis sufrió una disminución en la Capital Federal y 14 provincias, ésta ha sido mucho menos apreciable que el correspondiente descenso de la mortalidad general".

Respecto de la mortalidad tuberculosa proporcional, la estadística revelaba que por cada 100 defunciones de todas las causas, 10,2 lo eran por tuberculosis.

Según surge del cuadro presentado por los autores, correspondiente a cifras de 1927-1928, la tasa de la Argentina resultaba semejante a la de Irlanda del Norte y Hungría (9,7), Japón (9,8) y Finlandia (10,5).

"El lugar correlativo que ocupa la tuberculosis entre las enfermedades más homicidas —escriben los especialistas, a propósito de los cuadros XXII y XXIII— ha variado en el transcurso del tiempo. Así, mientras en 1911, en el orden de frecuencia de las enfermedades más mortíferas, la gastroenteritis de los menores de dos años ocupaba el primer puesto, seguida por la tuberculosis, durante los años 1916, 1921 y 1926, esta última enfermedad encabezó el grupo y, finalmente, en 1930, descendió de nuevo al segundo rango aventajada por las enfermedades orgánicas del corazón que ganaron el primer lugar".

Con respecto a la distribución geográfica de la tuberculosis en el vasto territorio argentino, los autores presentaban, con respecto al año 1930, regiones con muy diferentes índices de mortalidad: si en los territorios nacionales de Formosa y Los Andes, se computaba un muy débil índice de mortalidad, de menos de 6 defunciones por 10.000 habitantes, en las provincias de Tucumán, Salta y Jujuy se registraba una muy fuerte mortalidad: más de 24 defunciones por 10.000 habitantes.

Las notas de mayor dramaticidad del problema de la tuberculosis se referían a su incidencia sobre la población económicamente activa.

En palabras de Sussini, Paso y Zauchinger: "Para concebir una idea cabal del peso que soporta el erario nacional por este motivo, baste recordar que en 1930, por ejemplo, sobre una población de 11 millones y medio fallecieron 14.402 habitantes por tuberculosis, cifra bruta, inferior a la realidad, susceptible de elevarse por eliminación de las diversas causas de error que vician la estadística. Ahora bien, la tuberculosis mata en una proporción masiva los individuos en la edad de su mayor rendimiento, y con predilección los adolescentes y los adultos generadores y sostenes de familia, de ahí las razones de su gravedad económica y social. Como por otra parte, se admite que para un deceso por tuberculosis hay varios tuberculosos vivientes, sin dificultad se puede hacer una idea de la importancia de la pérdida económica que la tuberculosis causa anualmente a la Argentina".

Por cierto, de tal problema se hicieron cargo los sanitaristas militares, según puede apreciarse, por ejemplo, de los trabajos presentados en el Quinto (1934) y Sexto Congreso Nacional de Medicina (1935), referidos a la profilaxis de la tuberculosis en el Ejército, tanto al momento del reconocimiento médico, como a la morbilidad en filas, recordando que se trataba de población masculina en torno de los 20 años de edad.

A modo de antecedente, cabe referir la conferencia que los doctores Eugenio A. Galli y Luis E. Ontaneda, bajo el título "Profilaxis de la tuberculosis en el Ejército Argentino", pronunciaron en la Sociedad de Tisiología de Buenos Aires durante las sesiones especiales versadas sobre "Profilaxis de la tuberculosis", en diciembre de 1933.

También Levene se había ocupado del problema en *Curso...*, capítulo XVII: "Las enfermedades infecciosas. Causas predisponentes de las enfermedades infecciosas" y capítulo XVIII: "Epidemiología y profilaxis de las más comunes enfermedades infecciosas en el medio militar".

En el Quinto Congreso, los doctores Eugenio A. Galli y Luis E. Ontaneda, en "Demografía de la tuberculosis en la República Argentina" (*Actas y Trabajos,* tomo VII, p. 637), afirmaban, sobre la base estadística de Sanidad del Ejército, que el índice de tuberculización de la Argentina, en los ciudadanos de 20 años de edad, era de 59%, "de acuerdo con la reacción de von Piquet practicada en los años 1933 y 1934 a 37.139 soldados conscriptos, oriundos de todas las regiones del país". Según dichos autores, ese índice de tuberculización guardaba relación con la proporción de mortalidad tuberculosa por cada 10.000 habitantes, en 11 de las 14 provincias: En la poco tuberculizada provincia de Buenos Aires donde, sobre 7.936 examinados, 53,4% dio positivo, alcanzando a 10,5 el índice de mortalidad por tuberculosis por cada 10.000 habitantes. En la Capital Federal, sobre 5.929 examinados, el porcentaje de positivos fue de 82,9% y el índice de mortalidad, sobre 10.000, llegó a 17,8.

En la misma oportunidad, los doctores Luis E. Ontaneda, Ernesto A. Rottjer y Rodolfo Q. Pascualini, en "Las formas clínicas de la tuberculosis en el soldado argentino" (*Actas y Trabajos,* tomo VII, p. 661), sobre la base de experiencias realizadas con conscriptos en el Hospital Militar Central, apuntaban: "La tuberculosis del soldado argentino es comúnmente manifestación de una primoinfección. En él es frecuente el tipo *infantil* o *precoz* de la tuberculosis. Ello es debido a que nuestro país está aún poco tuberculizado (59% de von Piquet positivos) y que son numerosos los casos de soldados provenientes de medios rurales, vírgenes de infestación tuberculosa, que llegados a las guarniciones más tuberculizadas (en especial la Capital Federal), hacen primoinfecciones, que en ocasiones evolucionan originando en ellos tal tipo de lesiones tuberculosas".

En el Sexto Congreso, los doctores Luis E. Ontaneda, Miguel C. Lascalea y Ernesto Andrada, en "Primoinfección tuberculosa inaparente del adulto" (*Actas y Trabajos,* tomo III, p. 890), presentaron un análisis basado en el estudio de 279 casos de tropa, alergizados durante su permanencia en las filas del Ejército. Vale integrarlo con otras dos experiencias tomadas de población activa.

En la ponencia presentada por los doctores J. López Bonilla (h) y Juan Sugasti, "Resultados de la investigación radiográfica pulmonar y tuberculínica en los obreros de una fábrica urbana" (*Actas y Trabajos,* tomo III, p. 886), sobre la base de exámenes radiográficos practicados a 203 obreros, no identificando la fuente de trabajo, arrojaba: 3,45% casos de tuberculosis pulmonar activa; 73,41%, de radiológicamente sanos; 17,73%, dudosos y 5,43%, residuales.

En el trabajo de los doctores Gumersindo Sayago y Mario Gómez Casco, "La infección tuberculosa en estudiantes de la Universidad de Córdoba" (*Actas y Trabajos,* tomo III, p. 897), sobre 279 casos, resultaron del examen de las radiografías: 51,8% normales; 40,9% con secuelas de infección primaria; 7% con lesiones residuales; 2% con tuberculosis activa.

Las cifras oficiales del Ejército, correspondientes a los años 1938 a 1940, revelaron, por mil casos:

Causa	1938	1939	1940
Tuberculosis pulmonar	1,93	2,69	3,21
Influenza	66,20	8,36	47,48
Parotiditis	54,17	78,28	86,75
Neumonía	11,33	9,08	11,72

En 1940, la mortalidad por enfermedades infecciosas fue del 1,17 por mil de los efectivos, y por enfermedades comunes, el 1,59 por mil.

Por circular del 15 de abril de 1939, las autoridades sanitarias militares alertaron sobre los riesgos de las enfermedades infecciosas, formularon consideraciones sobre la proporción de las enfermedades infecciosas del aparato respiratorio, o de las que utilizan esta puerta de entrada por los portadores sanos, y advirtieron sobre la falta de inmunidad a ese tipo de enfermedades de los conscriptos que se incorporan a las filas "procedentes de la campaña o de lejanas regiones del país". (RSM, abril de 1939, p. 324).

El Quinto Congreso Panamericano de Tuberculosis, realizado en Buenos Aires en 1940, constituyó una significativa oportunidad para que los sanitaristas militares aportaran fuentes estadísticas, experiencias de casos y prácticas sanitarias concretas, ratificando la gravedad del problema entre la población argentina económicamente activa y, en particular, en su grado de aptitud para servir como combatiente.

RSM dedicó al Congreso un número especial, en diciembre de 1940, publicando las comunicaciones aportadas por especialistas de Sanidad del Ejército.

En sucesivos trabajos, orientados por **Guillermo Ruzo**, a la sazón director general de Sanidad, se enfocaron diversos aspectos del tema:

1) El monto global de afectados;

Los doctores cirujano mayor Guillermo Ruzo, cirujano de brigada Carlos Bocalandro y cirujano de cuerpo Enso Criscuolo, en "Indice de infección tuberculosa a los veinte años de edad en la República Argentina. Año 1940" (p. 1097), señalaban que "el estudio de los problemas relacionados con la tuberculosis, por la gran repercusión que tienen para el Estado dado su carácter de enfermedad social, ofrece un interés doblemente apasionante: por una parte la fase científica y por la otra la social, ambas colocadas en el momento actual a un mismo nivel". Tras ponderar la labor de "nuestros camaradas" los doctores Galli y Ontaneda, los referidos autores se ocupaban del índice tuberculínico del soldado argentino, realizado en 1940 en un total de 32.983 conscriptos, por medio de reacción Mantoux 0,1 y 1 mg de tuberculina vieja de Koch, por lo que consideraban "que el índice de error de nuestra estadística es pequeño", para concluir que "existen en nuestro país un 70,60% de infectados a los 20 años de edad".

2) El mapa general de la profilaxis tuberculosa, su localización geográfica;

Según la fuente precedentemente citada, el índice nacional arrojaba: a) provincias muy tuberculizadas, con más de 70% de positivos: Buenos Aires, Santa Fe, Corrientes, Córdoba, San Luis, Salta y Mendoza. Capital Federal también se halla en este grupo; b) provincias y gobernaciones tuberculizadas en grado importante, de 60 a 70%: Entre Ríos, Tucumán, Santiago del Estero, Jujuy y Formosa; c) provincias y gobernaciones medianamente tuberculizadas, de 50 a 60%: Misiones, Santa Cruz, San Juan, La Rioja y Catamarca; d) gobernaciones poco tuberculizadas, menos de 50%: Chubut, La Pampa, Río Negro, Chaco, Neuquén, Los Andes y Tierra del Fuego.

Ruzo, Bocalandro y Criscuolo, en "Relaciones entre el índice de infección, mortalidad y densidad de población en la República Argentina" (p. 1164), expresaban: "Actualmente sabemos que es posible que un pueblo con alto índice de infección y gran densidad de población presente muy bajo índice de mortalidad. Sabemos también que un pueblo con escaso índice de infección y poca densidad puede presentar elevado índice de mortalidad. Todo depende del momento epidemiológico en que ese pueblo se encuentre. Así nos explicamos, por ejemplo, que Buenos Aires y Santa Fe presenten una mortalidad más baja que Santa Cruz, Chubut, Río Negro y Tierra del Fuego. De la misma manera se explica que Salta y Jujuy puedan presentar mortalidad tan elevada".

En ese sentido (deslindando que "para efectuar estadísticas comparadas por índice de tuberculización, mortalidad y densidad de población es absolutamente imprescindible considerar en qué momento epidemiológico se encuentra la región estudiada, pues de no tener en cuenta este factor, pueden producirse las más grandes discrepancias"), Ruzo, Bocalandro y Criscuolo en el artículo precitado presentan un cuadro estadístico, en el cual se refieren, por provincia:

Provincia	Índice de infección	Densidad de población por km^2	Mortalidad por 10.000 habs.
Corrientes	79,80	5,2	6,5
Buenos Aires	77,14	10,6	10,5
Córdoba	73,61	6,6	14,1
Misiones	59,34	4,6	9,8
Santa Cruz (1934)	58,02	0,08	12,5
Mendoza	72,69	2,7	8,6
Salta	72,16	1,4	16,4
Santa Fe	72,16	10,5	8,7
San Luis	70,56	2,3	5,1
Formosa	68,22	0,3	5,9
Entre Ríos	65,67	8,7	13,4
Tucumán	64,85	17,5	13,4
Jujuy	65,53	2,0	24,7
Santiago del Estero	61,53	2,8	2,1
La Rioja	56,67	1,0	6,9
Catamarca	55,00	1,7	2,2

3) El avance de la mortalidad tuberculosa en el conjunto de la población;

Los mismos especialistas, Ruzo, Criscuolo y Bocalandro, en "Curva de la infección tuberculosa a los veinte años de edad en la República Argentina. Cifras comparadas años 1934, 1937 y 1940" (p. 1103), a partir del ya referido trabajo de las autoridades del Departamento Nacional de Higiene, los doctores Sussini, Paso y Zauchinger, quienes comparaban "los descensos operados en los diferentes países" con la "débil caída de la mortalidad" por tuberculosis observable en la Argentina en el período 1911-1930, concluían que, en el sexenio 1934-1940, "basados en el estudio comparativo de 95.061 reacciones tuberculínicas efectuadas con intervalos de tres años, (cabría deducir) que nuestro país se tuberculiza en forma acentuada": en 1934, sobre 37.139 examinados, hubo 59% positivos; en 1937, sobre 24.939, 67,29%; y en 1940, sobre 32.983, 70,60%.

4) Las cifras del catastro tuberculínico realizado por Sanidad Militar, que permiten apreciar la evolución, en el período 1934-

1940, de los índices de tuberculización de los varones a los veinte años de edad, y precisar la distribución geográfica de la profilaxis tuberculosa;

Según los mismos autores, en la misma comunicación precedentemente citada, la Capital Federal presentaba las siguientes cifras: en 1934, sobre 5.929 examinados, 82,9% dieron positivo; en 1937, sobre 5.953, 81,5%; en 1940, sobre 4.280, 80,95%. "Como podemos apreciar —escriben Ruzo, Bocalandro y Criscuolo—, nuestra ciudad capital se halla en vía de destuberculización lenta. Forzosamente, Buenos Aires tendrá por muchos años una fuerte contribución a la morbilidad prestada que condiciona el éxodo de innumerables enfermos de todas las provincias que buscan ansiosos los adelantos científicos que no alcanzaron en sus respectivas provincias. Así se reúnen en Buenos Aires, en pequeños locales y pensiones, numerosos tuberculosos que no encuentran cama en los hospitales o que se tratan particularmente y que contribuyen con su siembra de bacilos en el medio ambiente, a que el descenso del índice de infección se efectúe en forma mucho más lenta de lo que sería si esta pesada carga no existiera".

El índice de tuberculización de los varones a los veinte años de edad, durante los años 1934, 1937 y 1940, por provincias, arrojaba estas cifras:

Provincia	*I.T. 1934*	*I.T. 1937*	*I.T. 1940*
Buenos Aires	53,4	71,33	77,14
Córdoba	70,7	73,92	73,61
Santa Fe	38,7	73,94	72,16
Salta	67,08	54,76	72,16
La Rioja	75,6	65,11	56,67
Jujuy	71,9	65,84	64,53
Tucumán	65,0	47,27	64,85
Entre Ríos	50,6	63,73	65,77
Corrientes	71,0	69,42	79,80
Santiago del Estero	60,4	53,09	61,53
Mendoza	51,5	60,49	72,69
San Juan	65,3	49,28	67,48
San Luis	63,2	45,13	70,56
Catamarca	25,0	48,94	55,0

"Como podemos observar en (las estadísticas precedentes), existen algunas cifras que llaman la atención en forma poderosa —señalaban Ruzo, Criscuolo y Bocalandro—. Así vemos que la provincia de Buenos Aires, que en el año 1934 ofrecía un índice de 53,4% alcanza actualmente a 77,14%. Resulta algo dificultoso aceptar que la tuberculización se realiza tan rápidamente en el curso de 6 años. Teniendo en cuenta el índice de 1937, resulta más aceptable pensar que por lo menos en parte, tan acentuada diferencia es debida al uso de distintas reacciones (en 1934 von Piquet y en 1937 y 1940 Mantoux hasta 1 mg). De todas maneras la provincia ofrece el cuadro de una zona que se tuberculiza y más, que se tuberculiza rápidamente y en forma acentuada".

Guillermo Ruzo, Carlos Bocalandro y Enso Criscuolo, en "Indice de infección tuberculosa por departamentos en la República Argentina. Relaciones entre el índice de infección, mortalidad y densidad de población" (p. 1157), señalaban que ese estudio estadístico permitiría "conocer con precisión cuál es el desarrollo de la tuberculización en nuestro país, a través de los últimos seis años". Así, los índices revelan las siguientes oscilaciones por miles:

Capital Federal, disminuyeron escasamente: 1934: 82,90; 1937: 81,06; 1940: 80,95.

En la provincia de Buenos Aires, las cifras habían variado en alto grado; la mayoría de los distritos militares duplicaron casi el índice de infección: 1934: 53,40; 1937: 71,33; 1940: 77,14.

Santa Fe (analizado por separado): 1934: 38,76; 1937: 73,94; 1940: 72,16.

Córdoba (también analizado en particular): 1934: 70,00; 1937: 73,92; 1940: 73,61.

Entre Ríos: en líneas generales, la infección se extendía en forma acentuada; los departamentos de Federación, La Paz, Villaguay y Diamante duplicaron su índice de infección: 1934: 50,60; 1937: 63,73; 1940: 65,67.

En Corrientes la infección tuberculosa cobró un incremento notable: 1934: 41,00; 1937: 69,42; 1940: 79,80.

En Tucumán, los índices se mantuvieron casi invariables en las cifras generales, pero los parciales presentaban oscilaciones apreciables, siendo probable que en este caso haya tenido importancia que en algunos departamentos fuese escaso el número de soldados examinados: 1934: 65,00; 1937: 47,27; 1940: 64,85.

En las demás provincias, los porcentuales indicaban:

Provincia	*I.T. 1934*	*I.T. 1937*	*I.T. 1940*
Salta	67,08	54,76	72,16
La Rioja	75,06	65,11	56,67
Jujuy	71,90	65,84	64,53
Mendoza	21,30	51,50	72,69
San Juan	65,30	49,28	57,48
San Luis	63,20	45,13	70,56

Santiago del Estero 60,40 53,09 61,53
Catamarca 25,00 48,94 55,00

5) Ciertas situaciones específicas bonaerenses;

Ruzo, Bocalandro y Criscuolo, en "Grado de alergia en ambientes urbanos y rurales en la provincia de Buenos Aires a los veinte años de edad" (p. 1143), expresaban que "en el deseo de conocer el grado de tuberculización alcanzado por las distintas ciudades de la provincia de Buenos Aires, en relación al índice medio de la zona delimitada por el distrito militar que las comprende, hemos estudiado las fichas provenientes de numerosas ciudades, hallando los resultados que siguen:

Distrito Militar	**Índice de infección**	**Localidad**	**%**
13	76,17	San Nicolás	52
		Ramallo	39
		San Pedro	42
14	71,54	Baradero	75
		Campana	76
		General Uriburu (Zárate)	73
		Luján	86
15	78,95	General Sarmiento	68
16	78,62	Navarro	40
		Lobos	32
		Marcos Paz	61
17	63,03	Chacabuco	52
		Rojas	55
		Chivilcoy	50
18	78,43	General Villegas	49
		General Pinto	55
		Lincoln	57
		Viamonte	48
		Bragado	60
		Carlos Tejedor	59

		Rivadavia	37
		Nueve de Julio	52
		Carlos Casares	51
		Pehuajó	46
		Trenque Lauquen	40
20	70,08	Chascomús	66
24	79,01	Coronel Suárez	49
		Lamadrid	70
		Bahía Blanca	71
		Coronel Dorrego	78

En las conclusiones, los referidos sanitaristas militares apreciaban: "Los índices de infección de la Capital Federal y la provincia de Buenos Aires tienden a equilibrase (80,95 y 77,14). No obstante el gran aumento del índice de infección de la provincia, aún las cifras de mortalidad e infección no se han invertido. De la comparación del índice de infección de (los 32) centros urbanos (analizados) y la zona rural que los circunda, se deduce que el mismo es mayor en la zona rural que en la urbana, en todos los casos, excepto en las ciudades pertenecientes al distrito militar 14, habiéndolas considerado *ex profeso,* pues Baradero, Campana y Zárate son el centro de las más grandes destilerías de petróleo del país (zona industrial) y Luján, punto de convergencia de grandes peregrinaciones que en un alto tanto por ciento están constituidas por gente enferma, que formando parte de las mismas, buscan alivio ante la Virgen de su devoción. Dado el alto porcentaje de vacunos enfermos de tuberculosis, especialmente en los provenientes de la provincia de Buenos Aires, puede decirse que la tuberculosis bovina debe desempeñar un papel importante en la mortalidad infantil y en el aumento del índice en el medio rural".

6) La situación en Santa Fe;

Ruzo, Bocalandro y Criscuolo, en "Demografía de la tuberculosis en la provincia de Santa Fe" (p. 1167), señalan que en el reconocimiento médico de la clase 1919 efectuado en 9.413 varones de 20 años, oriundos de la provincia de Santa Fe, fueron descubiertos 14 tuberculosos. "No obstante creer que estas cifras están lejos de la realidad, pues los médicos que han reconocido a estos ciudadanos no han contado con todos los elementos indispensables para determinar con exactitud el número de enfermos, vemos cómo las cifras, aunque bajas, son fiel reflejo del momento epidemiológico por el que pasa la provincia. Es así que las cifras más altas de tuberculosis la ofrecen los distritos militares 33 (Rosario), 34 (Caseros, Constitución y General López) y 36 (Capital, Colonias, San Jerónimo y Garay), que corresponden a los departamentos más intensamente tuberculizados. Los departamentos del norte, pertenecientes al distrito militar 38 (Vera, San Justo, General Obligado, Nueve de Julio y San Javier) y los del oeste, al distrito militar 37 (San Cristóbal, San Martín y Castellanos), presentan un número inferior de enfermos de tuberculosis".

Los autores completaban que la mortalidad tuberculosa de la provincia de Santa Fe "puede figurar entre las más bajas de todas las provincias argentinas: 8,7 por cada 10.000 habitantes. Este índice de mortalidad coexiste con un alto grado de tuberculización: 71,16% a los 20 años de edad. Los departamentos más tuberculizados son Santa Fe, Rosario y los departamentos circundantes, lo que parece demostrar una extensión por vecindad. Las vías de comunicación juegan un papel importante en la difusión de la infección".

7) La situación en Córdoba;

Los mismos especialistas, Ruzo, Bocalandro y Criscuolo, en "Demografía de la tuberculosis en la provincia de Córdoba" (p. 1177), expresaban que la misma "presenta un índice de infección tuberculosa a los 20 años de edad de un 73,72%. El índice de morbilidad a los 20 años de edad, es decir, al tiempo del reconocimiento obligatorio, en la capital de la provincia era de 31,78%, índice que ascendía en algunos distritos militares hasta el 8,39 por mil. En este punto ha influido que el reconocimiento se hubiese efectuado en el Hospital Militar Córdoba, mediante el uso de rayos X, mientras que los reconocimientos efectuados en otros lugares de la provincia se efectuaron sin la ayuda de rayos X y en locales en condiciones que no se pueden comparar a un hospital. La mortalidad en la ciudad capital era alta: el 18%, así como el índice de infección a los 20 años: 83,22%, hechos influenciados por la gran cantidad de enfermos provenientes de otros puntos del país (morbilidad prestada). La mortalidad hallada por nosotros a los 20 años era de 16,61% en toda la provincia".

8) La correlación entre escolaridad y conscripción;

Ruzo, Bocalandro, Criscuolo y el cirujano de regimiento Héctor Reyes Oribe, en "Indice comparado de infección tuberculosa en ambientes escolares y soldados conscriptos en distintos puntos del país" (p. 1149), destacaban que los resultados obtenidos en los reconocimientos médicos en el Ejército permitían "afirmar la realidad de los conceptos de Simón y Redeker, cuando entendían que el niño era el eje de la profilaxis tuberculosa". Así, de acuerdo con los núcleos de escolares estudiados, "cuanto más aislados y menos en contacto con la civilización se encuentran, menores son los índices de infección obtenidos", según surge de estadísticas comparadas de índices de infección en ambientes escolares, con el índice de infección de soldados conscriptos de las mismas zonas: Córdoba, Alta Gracia, Río Cuarto, Catamarca y San Carlos de Bariloche. En conclusión de los autores, en todos los estudios efectuados, el índice de infección progresa en forma proporcional con la edad del personal. "Los gráficos demuestran que el desarrollo de la infección tuberculosa en los escolares está condicionada a la edad, pero también a la zona del país a que pertenecen. Dado el brusco aumento del desarrollo de la infección en la edad postescolar, se demuestra que las fuentes de contagio extrafamiliares actúan en forma más intensa que las fuentes de contagio intrafamiliares y escolares. Nosotros no podemos hablar en qué proporción las fuentes de contagio escolar actúan porque para ello deberíamos seguir a los alumnos desde la incorporación hasta la terminación de los estudios. La profilaxis antituberculosa debe ser intensificada, por estos datos, en edad postescolar, pues ése es el momento en que la curva de la infección hace el repunte más intenso".

Con el fin de detectar casos de tuberculosis durante el reconocimiento médico, comenzó a aplicarse el sistema radiográfico a partir de 1935, extendiéndose a todo el personal militar. (MG 1938-1939; RSM, mayo de 1938, p. 358).

El tema fue objeto de las comunicaciones presentadas al Quinto Congreso Panamericano de Tuberculosis (RSM, diciembre de 1940), por los doctores cirujano mayor Guillermo Ruzo, cirujano de brigada Carlos Bocalandro y cirujano de cuerpo Enso Criscuolo, en "Fundamentos de los exámenes radiográficos sistemáticos en el Ejército" (p. 1110), "Primeros ensayos de roentgenfotografía en el Ejército" (p. 1116) e "Investigación radiológica sistemática en los aspirantes a ingreso a las distintas escuelas del Ejército. Personal proveniente de la provincia de Córdoba" (p. 1125); por los mismos autores y el cirujano de cuerpo Carlos A. Arias, "Importancia del catastro radiográfico en los establecimientos industriales" (p. 1131).

Un mayor índice de eficacia en la detección fue alcanzado a partir de 1941 con la incorporación del procedimiento roentgenfotográfico de Abreu. (MG 1941-1942).

Guillermo Ruzo, el cirujano de división Carlos A. Oribe, y Carlos Bocalandro, en "Resultados de la aplicación de la roentgenfotografía en la selección del soldado argentino" (RSM, febrero de 1943), observaban la favorable incidencia del método aplicado, el cual "permite eliminar no sólo los tuberculosos activos y evolutivos, sino también un grupo de sospechosos que son dados de baja para no correr el riesgo de la prueba del Ejército al movilizar esas lesiones".

Santiago B.A. Curci (cirujano de división, subdirector del Hospital Militar Central) y Juan F.R. Bejarano (cirujano de cuerpo, jefe de sala del Hospital Militar Central), en "El problema de la tuberculosis en nuestro Ejército" (RM, febrero de 1941, p. 281) (También en RSE, Nº 73, enero de 1944, p. 3; Nº 74, febrero de 1944, p. 223), tras señalar que "se debe encarar la necesidad de una mutua colaboración entre el medio civil y la Sanidad Militar" y que "el programa de éste debe ser completado con la recepción por el medio civil de los ciudadanos tuberculosos descubiertos al hacerse el catastro radiográfico de incorporación, así como de los soldados enfermos al ser dados de baja", apuntaban: "Desde 1930 a 1935 el número de ciudadanos dados de baja, oscila entre un número de 240 a un máximo de 339 para un total de 63.371 como máximo y un mínimo de 46.258 ciudadanos reconocidos. El por mil que les corresponde oscila de 4,81 a 6,16. En el año 1936 el catastro que se implanta en todo el Ejército, así como en 1937 y 1938, en los que por otra parte aumenta el número de reconocidos en casi un tercio en relación a 1935, siendo superior el porcentaje de los dados de baja gracias al catastro radiográfico a pesar de la disolución que se hace en las grandes cifras. Los por mil que corresponden a estos tres últimos años (1937 a 1939) oscilan entre 6,84 y 8,72. El significado de estos números indica, sin lugar a dudas, que el catastro radiográfico ha permitido poner de manifiesto lesiones tuberculosas pulmonares que hubieran escapado al reconocimiento médico común, sirviendo de contraprueba la supresión del catastro en el año 1939, por cuya causa desciende a 179 el número de tuberculosos pulmonares no incorporados, sobre un total de 79.932 ciudadanos reconocidos, o sea un 2,26 por mil, la tercera parte de 1937. Ello es la prueba más palmaria del valor del catastro radiográfico".

De allí que, en las conclusiones, los autores enfatizaban: "La profilaxis de la tuberculosis en el Ejército, debe iniciarse desde el primer examen de admisión, sin excepción alguna del personal militar y civil; para evitar la incorporación de enfermos por tuberculosis pulmonar o por lesiones pulmonares de otra etiología, se debe implantar el catastro radiográfico, que es superior a cualquier otro procedimiento; el catastro radiográfico es la base de la lucha antituberculosa, por lo que se debe practicar periódicamente al personal de oficiales, suboficiales, contratados y civiles, cada dos años; las estadísticas muestran que el número de tuberculosos rechazados a partir de la implantación del catastro radiográfico, es superior a los años anteriores, descendiendo en 1939 a cifras inferiores a 1935; el número de enfermos mientras se practicó el catastro radiográfico se redujo y volvió a ascender durante 1939, en que se suspendió el catastro radiográfico; la reacción de Mantoux, por su importante papel profiláctico y diagnóstico, además de ser mantenida, debe ser repetida periódicamente a los soldados normérgicos que se mantengan sanos o si no en el momento de enfermar por cualquier proceso; la práctica sistemática de la Mantoux en las condiciones enunciadas permitirá despistar primoinfecciones silenciosas o afirmar la etiología de los cuadros clínicos aparentemente banales; el problema de la hospitalización y tratamiento de los enfermos se trata de resolver con la creación de un Pabellón en la Guarnición de Campo de Mayo, lo cual es posible por no ser imprescindible la cura de altura".

El aspecto nodal de la cuestión fue planteado en la misma nota por Curci y Bejarano: "Queda por explicar el descenso de dados de baja en 1939 a 179 sobre un total de 79.932 ciudadanos reconocidos (2,26 por mil). Cabe preguntarse entonces, ¿qué fue de los demás? ¿Es posible pensar por un solo momento que el índice de tuberculización de la población de la República Argentina haya disminuido en forma tan grande en un solo año? ¿No estará ello en contradicción con las estadísticas del Departamento Nacional del Trabajo, que demuestran el empeoramiento de los factores sociales que inciden casi como causas primarias en el incremento de la tuberculosis? Sólo queda deducir que, en el año 1939, muchos tuberculosos pulmonares no fueron individualizados y por esa causa incorporados, no siendo esta circunstancia imputable a otros factores que no sean la falta de la radiografía previa a la incorporación, pues ella y únicamente ella, es capaz de visualizar lesiones que no sólo escapan siempre al examen clínico, por fuerza precario, que se practica en los centros de presentación, sino que escaparían a la observación más detenida si ella no contara con el precioso auxilio de los rayos X".

Otra medida profiláctica de importancia fue la implantación en el Ejército, a partir de 1938, con carácter permanente, de la vacunación triple asociada, antitífica, antineumónica y antitetánica, la que fue llevada a cabo mediante tres inyecciones aplicadas escalonadamente. (MG 1938-1938; RSM, mayo de 1938, p. 358).

Un argumento más, que debe incitarnos

El tradicional tema militar de la relación entre la salud y la capacidad de combate se transformó cualitativamente ante la concepción y la práctica de la guerra integral entre naciones, acentuando la relación entre sanidad militar y salud pública en general, conforme a lo cual toda evaluación del potencial humano implicaba una evaluación del papel de la sanidad militar.

"Por más perfeccionado que sea el material, el combatiente, el soldado, será siempre el elemento primordial en la batalla. Todo debe ser, pues, puesto en acción para protegerlo, conservarlo y recuperarlo. Esta pesada tarea incumbe al servicio de sanidad", enseñaban el médico general P. Lombardy y el médico teniente coronel C. Spire, en *Compendio de organización y funcionamiento del servicio de sanidad en tiempo de guerra. Principios de tácti-*

ca sanitaria (BdO, N° 222, 1937, 565 pp.) (Traducido del francés por el cirujano de brigada Pedro Barbieri).

"La tropa es el elemento principal de los ejércitos y no es de temer que los progresos del armamento le puedan quitar este lugar privilegiado, dado que se precisará siempre personal para servir o accionar el material", advertía el general Debeney, en *La guerra y los hombres. Reflexiones sobre la guerra* (BdO, N° 233,1938, 385 pp.) (Traducción por el mayor Carlos J. Martínez).

Conforme lo anotado páginas atrás, en el ambiente militar argentino la cuestión tomó creciente impulso a iniciativa de los sanitaristas militares.

"Todo el progreso moral humano reposa actualmente en el adelanto de esta disciplina médica en particular. Si la salvación moral del mundo, su porvenir, depende de la instrucción pública, del aumento creciente del saber, de la medicina depende el éxito material de esta acción. No hay saber que pueda inscribirse en un cerebro enfermo o deficiente. No hay virtud que pueda apreciarse o ejercerse por un organismo enfermo o dolorido. Y en lo tocante a capacidad militar, es una utopía pensar en la potencialidad y la eficiencia de un ejército, si no se cuenta con la salud de sus componentes, como dice el autor de esta obra", expresaba el general doctor Francisco de Veyga, profesor honorario de la Facultad de Medicina de Buenos Aires y ex director general de Sanidad del Ejército, en el Prefacio al *Curso...* de Levene.

"El Ejército argentino necesita soldados de gran capacidad física; la salud de todos sus miembros dará a la institución la fuerza moral necesaria para defender nuestro patrimonio, si el Destino le tiene deparada tal misión. Incumbe a la sanidad militar, en primer término, velar, desde el punto de vista táctico sanitario, para elevar, desde ya, la capacidad física del soldado argentino, teniendo en cuenta los distintos factores nocivos o beneficiosos que tienen influencia en la vida física y funcional del ciudadano", señalaba Opizzi (*La capacidad...*, p. 9), agregando páginas adelante: "De muy poco vale un enorme conjunto de hombres, si sus componentes no tienen la capacidad física necesaria para realizar una tarea determinada. La fatiga, el cansancio del hombre, se traduce en una fatiga general de la institución armada, que pierde, así, toda su potencia combativa, y queda a merced de su adversario, tal vez inferior numéricamente, pero superior en sus cualidades físicas. La capacidad de un ejército está dada por la armonía existente entre los medios materiales y el elemento humano, ya sea conductor o ejecutor. Por su parte, el hombre combatiente debe caracterizarse, precisamente, por su capacidad física, de donde podemos deducir que la capacidad física influye directamente en la capacidad combativa de las fuerzas armadas. (...) El aumento de la capacidad física de nuestra masa ciudadana tiene, por consiguiente, para nosotros, primordial importancia".

El capitán cirujano Juan Francisco Ricardo Bejarano, en "La defensa de la salud pública y la defensa nacional", trabajo distinguido con el premio Dr. Juan Madera correspondiente al año 1944 (RSM, enero de 1945, p. 25), sostenía: "La guerra de 1914-1918 y la actual sólo reconocen un motivo básico y fundamental que es la necesidad que tenía Alemania y sus aliadas en materias primas y alimenticias, de expandir su comercio internacional. La oposición de otras naciones a esa necesidad de Alemania origina después de numerosos tanteos políticos una situación que sólo la decidirá la actual guerra. (...) En efecto, si Alemania no hubiera poseído una población sana, numerosa, capacitada física y psíquicamente, no hubiera realizado una serie de actos que culminaron con la guerra actual, aunque hubiera poseído el mejor y más completo armamento del mundo, pues es en definitiva el factor hombre el que decide los pleitos entre los pueblos".

Bejarano presentaba dos significativos cuadros: uno, sobre la contribución de la sanidad civil, militar y naval a la obra de recuperación y de defensa nacional; y otro, sobre la acción de diversas causas de enfermedad en época de guerra.

En su extenso análisis, el mismo sanitarista militar argentino (RSM, junio de 1945), llegó a afirmar (p. 783): "La defensa nacional se apoya en los elementos que trata de defender, o sea la riqueza humana y la economía. Para llegar a ese concepto ha debido evolucionarse en diversos aspectos de la vida humana, tanto filosóficos como materiales. Hasta el año 1939 se podía hablar de medicina social, de medicina preventiva, etc., etc., pero la guerra actual ha significado una revolución profunda, no sólo social o política, sino también filosófica, pues ha existido otro concepto que se ha agregado a los anteriores como el de nación en armas y sobre su situación armónica es que nosotros elaboramos el de defensa nacional apoyándolo fundamentalmente en el de la defensa de la salud pública".

(También sobre el tema: cirujano de brigada Héctor I. Gallac, "La salud del soldado como factor de éxito en la lucha [en la agrupación de montaña Cuyo]", en RSM, enero de 1944, p. 47).

En octubre de 1944 se dictaron cursos y clases relacionados con la sanidad militar en la Facultad de Medicina de la Universidad de Buenos Aires, por la cátedra de clínica quirúrgica a cargo del profesor Dr. Oscar Ivanissevich: sobre tratamiento de las quemaduras y tratamiento de las heridas de guerra, por el titular Ivanissevich; sobre heridas del tórax, por el Dr. Jorge A. Taiana. (RSE, N° 83, noviembre de 1944, p. 164).

En este punto, cabe anotar que la edición en Buenos Aires del *Tratado de Higiene Militar,* publicado bajo la dirección de los médicos militares alemanes A. Waldmann y W. Hoffmann, pasó a influir hondamente en el ambiente sanitarista militar argentino. (Labor, Buenos Aires, 1946, 856 pp.).

El capítulo VI, "Estadística Sanitaria del Ejército", trazaba un prolijo detalle sobre estadística de reclutamiento y de estadística nosológica en el Ejército Alemán desde la guerra de 1870 hasta 1935. Concluía la obra (p. 847) señalando que la estadística obrante en las fuerzas militares sobre la presencia de enfermedades o defectos físicos detectados en los casos de ciudadanos declarados aptos para el servicio de las armas en 1935, "tiene más valor que la comparación de las diversas clases de inutilidad", dado que "pone de manifiesto toda suerte de defectos corporales de la juventud, permite basar el juicio sobre la salubridad de la juventud masculina de una manera tan completa que no lo iguala otro recurso cualquiera, descubre qué es lo pertinente para mejorar la salud de la juventud y, por ende, de toda la población, constituyendo una actividad grata por los éxitos que proporciona. ¡Quiera Dios que este trabajo conjunto realizado en plena paz sea muy fructífero para la población civil y para el Ejército!"

La creciente importancia de la relación apuntada entre sanidad militar y salud pública hizo que el problema pasara a ser objeto creciente de consideraciones por jefes militares teorizantes de la defensa.

El Museo Social Argentino había organizado el Primer Congreso de la Población, en Buenos Aires, del 26 al 31 de octubre de 1940, con la asistencia del presidente Ramón Castillo y del ministro de Agricultura, Daniel Amadeo y Videla, publicando las ponencias presentadas en un volumen de 470 páginas.

El teniente coronel Franklin Lucero Reyes, quien concurrió como adherente, publicó sus apreciaciones en la nota "El Primer Congreso de la Población y los problemas demográfico-militares. Tasas cuantitativas y potencialidad militar" (RM, N° 491, diciembre de 1941, p. 1279), en la cual, tras reafirmar que "para el organizador militar, el factor población es casi decisivo", sostenía: "Las diferencias entre superioridad numérica y superioridad militar las revelan las pérdidas y la calidad de las acciones ejercidas, las que resultan de las características demográficas de la población y aptitudes y condiciones del pueblo".

En ciertos casos, se trataba de evaluar el elemento criollo como factor combativo.

El general de división Nicolás Accame, ex jefe del Estado Mayor General del Ejército y ex comandante de las divisiones 1ª, 3ª y 5ª, concluía señalando en *La Nación y la guerra* (BdO, N° 260, 1940, 252 pp.): "En lo que atañe a nosotros, tenemos la más firme convicción de que el rendimiento guerrero de nuestra juventud estaría a tono con las tradiciones heroicas dejadas por las generaciones que la precedieron. Nuestro soldado conscripto ya demostró acá poseer las más altas virtudes marciales. Bajo el título de *guardias nacionales* se batió heroicamente en Estero Bellaco, Tuyutí, Boquerón, Itaivaté y el cruento asalto de Curupaytí. En todas estas acciones de guerra el soldado argentino demostró poseer *la bravura entusiasta, estoica y nativa, la gran ambición por conocer el peligro,* con que concluye Clausewitz la bella pincelada con que pinta el combate. La nueva raza que se está formando en el crisol argentino se desempeñará, sin lugar a dudas, con el mismo denuedo y ardor patriótico. Entregada de lleno en las horas de la paz a los más variados deportes, en los que sobresale mundialmente, proviene ella de las mismas razas que se batieron acá y en Europa en la forma en que hemos expresado y está animada por el espíritu heroico que alienta a nuestra tradición guerrera".

El coronel Ernesto Fantini Pertiné, en *La mujer, factor de la victoria* (BdO, N° 279,1942, 497 pp.), planteó: "La masa de nuestra población campesina vive, a pesar del aire y del sol, una vida antihigiénica. Aislada en ranchos o pequeños espacios, en completa promiscuidad de padres, hijos y hermanos, amontonados, pues, con el consiguiente relajamiento de la moral, que ha formado buena parte de la psicología de nuestra población rural, minada en extensas y numerosas zonas por enfermedades, vive bajo la influencia desastrosa de la superchería y el curanderismo. La mujer, en estos focos de desaliento moral y de infección física, no está en condiciones de alcanzar el bienestar por su esfuerzo personal y es rémora para el desarrollo de la raza, que es lo peor. La miseria, la desnutrición, las enfermedades y la despreocupación, suelen imperar en ciertas regiones del país, por lo cual, reflexionando serenamente y dando valor a la verdad, realmente no es posible contar con esas mujeres, que no están en madurez física. Sin reservas de energías fisiológicas y morales, están predestinadas a concebir en sus entrañas criaturas cuya constitución orgánica, sólo con pensarlo, abate nuestro espíritu, que no sueña exclusivamente con batallas, ante la hoja de una espada... Porque sabemos que la inferioridad física, y, sobre todo, en la mujer, no origina el valor moral, del que únicamente se puede esperar todo lo bueno". El capítulo XXIII del citado texto de Fantini Pertiné llevaba por título "Ilusionando posibilidades orgánicas con la mujer latinoamericana".

Otros enfoques insistían, además de considerar los componentes generales de la población, en ponderar el vigor físico como cualidad sobresaliente del hombre en función de combate.

Julio Sanguinetti, en "El potencial...", incluía como acápites a considerar: el potencial humano en general, las fuerzas morales y físicas de la población, el número de habitantes, densidad y coeficiente de presión política, el crecimiento vegetativo de la población, la composición por edades y sexos, la pirámide de la población y su distribución por ocupaciones. B. Schleich, en

Potencialidad..., había descripto: "Son sufrimientos característicos de la guerra: la deficiente alimentación, hambre y sed frecuentes, extenuación, estrecha convivencia, poca higiene y falta de comodidades, cambio completo de la vida, enfermedades, heridas y finalmente la muerte. No dejan de ser menos graves todavía los padecimientos morales: penurias, compañías desagradables, tedio, separación de la amada y del hogar, falta de cariño y cuidado en caso de enfermedad, peligro constante, temor a la muerte y a quedar inválido, necesidad de soportar muchas veces la más dura disciplina, los malos tratos y hasta la injusticia, pérdida de la libertad individual, severa obediencia, preocupación por el resultado de la guerra, por el propio porvenir y el de la propia familia. Es evidente que para vencer estas flaquezas físicas y morales, la población debe poseer un elevado espíritu guerrero y una extraordinaria resistencia física". Tales formulaciones llevaron a Sanguinetti a destacar: "Se comprende fácilmente que un pueblo débil, minado por las enfermedades y la falta de alimentos, no estará capacitado para proporcionar a sus fuerzas armadas recursos humanos sanos, fuertes y en calidad suficiente. (...) La salud pública será pues un índice importante para apreciar el potencial humano".

Un lustro atrás, el capitán Diego E. Perkins, en el artículo "Defensa nacional y pueblo" (RM, febrero de 1941, p. 327), había formulado claramente ciertas concepciones que acabarían arraigando hondamente en la mentalidad política de los militares argentinos: "No puede escapar a la perspicacia del lector menos informado, que la tranquilidad, el progreso y el porvenir de la Patria se asientan precisamente en la perfecta armonía de las dos grandes entidades que la constituyen: Ejército y Pueblo (entendiéndose por Ejército las fuerzas armadas y por pueblo el resto de las fuerzas vivas del país). (...) Pueblo débil y Ejército fuerte constituye un contrasentido inverosímil, desde que el Ejército se forma del pueblo. ¿Y cómo, por otra parte, podrían conciliarse en condiciones tan dispares elementos que forman una sola cosa? ¿Cómo podría obtenerse un ejemplar humano de brazos fuertes y de cuerpo débil? El Ejército se nutre en el pueblo. El Ejército es eterno, como lo es el pueblo y se renueva y se remoza con él. El Ejército no es otra cosa, ni representa otra cosa, que la potencia visible de su propio pueblo. Tampoco se concibe el caso inverso de pueblo fuerte y Ejército débil, por las mismas razones expuestas. A un pueblo grande y fuerte corresponde un Ejército también grande y también fuerte".

La señalada interrelación entre defensa y economía nacionales se extendería al ponderado factor humano, derivando en la asimilación del ciudadano combatiente a la del ciudadano productor.

En palabras del general italiano Héctor Bastico *(La evolución...),* "a diferencia del pasado, la guerra no estará en condiciones de alimentarse con lo que la paz le había preparado, sino que, a semejanza de lo que ocurrió en la Guerra Mundial, se verá continuamente obligada a recurrir a la ayuda de todos aquellos obreros, campesinos, industriales, financistas, sabios, capacitados para contribuir de cualquier manera, para proporcionar a la guerra armas, pan, hierro, inventos. Si eso va a acontecer —y podemos contestar afirmativamente al respecto— entonces también desde ese punto de vista el concepto hasta ahora aplicado a la figura del *combatiente* adquirirá un valor mucho más extensivo".

Los sanitaristas militares se habían hecho cargo del problema, trazando un diagnóstico crítico que, por cierto franqueaba lo estrictamente relacionado al conscripto bajo bandera y, por consiguiente, potenciaba el papel del médico especialista.

En ese sentido, Levene, en el capítulo II de *Curso...,* titulado "Higiene. Su objeto", había apuntado: "El joven conscripto posee un alto valor social inmediato y, por ende, una real importancia biológica en la herencia. Sus frutos serán probablemente sanos y no será, por lo tanto, una carga social con el consiguiente despilfarro de valores. Incorporado a las filas, tiene este *conscripto sano,* de 20 años de edad, una capacidad técnica y social de doble valor: uno de *costo,* que es su pasado, y otro de *producción,* que es su porvenir; es decir: su capacidad de producir y de reproducir, ambos decisivos en la apreciación económica y cultural de la nación, que no debe medirse únicamente por el número de habitantes, sino también por la aptitud de creación de los mismos, esencialmente basada en la salud, así como la capacidad combativa de un ejército que está en estrecha relación con la calidad física de sus soldados. Si es verdad que el capital humano es cinco veces mayor que el de los demás valores sociales, es sensible tener que afirmar que no se han quintuplicado, ni siquiera mejorado, los cuidados y defensas de aquél con relación a éstos. Por el contrario, las leyes y ordenanzas que defienden los bienes materiales son más abundantes y escrupulosos que los muy escasos que defienden o protegen la vida y la salud de los hombres. Así se explica el despilfarro y el desprecio del valor social que representan la vida y la salud humanas, olvidando que defenderlas es una ventaja, o conveniencia, por lo menos, económica que pocos industriales o comerciantes lo han comprendido a fondo con todo éxito".

Conceptos semejantes pueden hallarse, por ejemplo, en la nota de Pedro Barbieri "La defensa nacional y el gremio médico" (RSE, Nº 82, octubre de 1944, p. 21), en la cual expresaba: "La preparación para la Defensa Nacional comprende todas las medidas necesarias para asegurar entre otras cosas la salud de los componentes del Ejército que pelea, porque sin salud no hay lucha posible, y también la del pueblo que se moviliza y cuyas funciones aún lejos de los campos de batalla son de importancia primordial en la consecución de la victoria. Esto comprende la preparación de todos los gremios de acuerdo con sus capacidades y entre éstos ocupa un lugar el gremio médico, cuyos servicios han sido cada vez más apreciados a medida que las guerras han adquirido el carácter integral que revisten actualmente. Si la salud del combatiente es una condición indispensable para poder exigírsele el máximo de rendimiento, el encargado de asegurar esa condición es el médico con su obra de higienista, ante todo y de terapeuta después. La salud física del soldado es el sostén de su salud moral, que tanto cuidan los jefes que saben que sin moral no hay iniciativa, no hay acción y sólo hay derrota. Pero no es solamente la salud del combatiente en los campos de lucha lo que debe preocupar al médico; es la de toda la población, ya que como lo ha demostrado la guerra actual es combatiente todo el país; son todas las clases sociales, de cualquier edad, sexo, profesión u oficio que toman parte más o menos directa en la lucha, si no con las armas en la mano, forjando las que han de servir a los que actúan en las batallas, suministrándoles municiones, víveres, ropas, alojamientos, medicamentos y asistencia médica para ellos y los suyos que están en la retaguardia trabajando para ellos y, si no pueden otra cosa, rogando por ellos".

También en este caso, los planteos de los sanitaristas fueron absorbidos por los militares que caracterizaban la defensa integral en el medio argentino.

Julio Sanguinetti, en el capítulo II, de *Nuestro potencial...*, titulado "El potencial humano" (publicado originalmente en RM, Nº 537, octubre de 1945, p. 767), sostuvo: "El potencial humano es el elemento básico del potencial de guerra, ya que representa la suma de los valores morales y físicos donde se afirma el espíritu de lucha de una nación. Por un lado afecta la magnitud de las fuerzas armadas y por otro la potencialidad económica del Estado. Desde el punto de vista de la guerra, se debe distinguir: la masa combatiente, aquella llamada a producir los recursos materiales con que se ha de alimentar la lucha y el consumo de la población civil, o sea, la masa trabajadora, y, finalmente, la parte que no es apta para contribuir activamente al esfuerzo bélico".

El mismo ingeniero militar, en el ya referido texto "La mano...", presentaba el siguiente cuadro sobre las posibilidades de utilización del potencial humano en la Argentina: sobre una población total estimada en 14.131.000 habitantes, la población pasiva para la guerra llegaba al 35%; la población activa para la guerra, integrada por combatientes, defensa civil y servicios auxiliares, alcanzaba al 7% en el primer año de guerra, porcentaje que aumentaría al 9% en el cuarto año; los trabajadores del frente interno compondrían el 39% en el primer año, descendiendo al 36% en el cuarto; las reservas movilizables serían del 19% en el primer año, pasando al 20% en el cuarto. De modo que, según Sanguinetti, la relación entre combatientes y trabajadores sería de 1 a 6 en el primer año, de 1 a 5 en el segundo y en el tercer año, y de 1 a 4 en el cuarto año.

(También sobre el tema: "El elemento primordial en la guerra: el hombre", por el teniente coronel Salviano R. Herrera, en RM, N° 541, febrero de 1946, p. 309).

Un planteo extremo del problema fue presentado por el coronel Jorge B. Crespo, en "La conscripción militar y la conscripción obrera" (RM, N° 495, abril de 1942, p. 661), nota en la cual planteaba que "estimamos necesario y, en primer término, la revisión de la actual ley del servicio militar obligatorio del ciudadano, a fin de hacerla más amplia y darle un alcance que esté más de acuerdo con las necesidades actuales y las exigencias de las nuevas modalidades de lucha que adoptan en el presente todos los pueblos y de acuerdo al concepto (...) de *la nación en armas,* ampliado con el de *la guerra integral.* Los propósitos que en ese sentido pueden ser establecidos, tienen que prever la sanción de una nueva ley general de reclutamiento con ese carácter, que llamaremos desde ya Ley del Servicio Nacional Obligatorio, que abarque, además de la conscripción con fines a la instrucción militar y sirva de base a todo otro reclutamiento, la conscripción obrera con fines al trabajo industrial, exclusivamente. (...) Los establecimientos de la industria nacional que fuesen clasificados a los fines recientemente mencionados del trabajo obrero obligatorio, estarían obligados a recibir anualmente un determinado número de obreros-conscriptos con fines de la enseñanza en cada una de las especialidades; práctica que, lógicamente, debe ser reglamentada en todas sus formas en acuerdo mixto entre el Estado y la industria privada del país. Nuestros propósitos en cuanto a la conscripción obrera obligatoria del ciudadano, se encuentran reforzados particularmente por la situación precaria y por la desarmonía que existe entre los intereses privados de la industria del país y las conveniencias de orden nacional respecto a la formación técnica y eficiente del obrero y del especialista, que son los que tienen la importancia y el valor que le asignan las industrias generales".

Reafirmando su iniciativa, el coronel Crespo, en "A propósito de la conscripción obrera y de algunas modificaciones a la ley del servicio militar obligatorio" (RM, N° 496, mayo de 1942, p. 917) expresó: "Es tan fundamental mantener el ritmo de la producción, como el mantener la ofensiva frente al adversario. De ahí la gran importancia que le asignan algunos profesionales a la organización de la producción, mayor que la de los efectivos en campaña. Pero no debemos caer en exageraciones". Por consiguiente: "Los propósitos que se persiguen en estos estudios, tienen también, entre otros, dos aspectos de los tantos que constituyen el problema de las operaciones de una movilización que, como bien sabemos, es un problema de gran envergadura y de capital importancia, porque sólo mediante su solución es posible colocar al país en pie de guerra. Los aspectos de referencia son: el referente a la necesidad de montar y perfeccionar el mecanismo de la misma movilización, previendo y preparando el grave período de transición que el país y la economía pública tienen que sobrellevar, al pasar del estado de paz al de guerra; aspectos del problema que aún no están resueltos efectivamente entre nosotros". Concluía Crespo insistiendo en la "incorporación total del contingente anual útil y semiútil", en virtud de sostener que el Ejército debía hallarse en condiciones de mejorar la condición física y laboral de los conscriptos en filas.

Si la alimentación importa un factor esencial para la condición física de todo ser humano, ese factor cobra especial relevancia en el hombre combatiente. Por lo tanto, la alimentación constituía un problema del cual debían hacerse cargo los sanitaristas militares, en principio, sobre el conscripto en filas.

Levene, en *Curso...*, se ocupaba en el capítulo XI de la alimentación ("Algunas consideraciones respecto de la ración alimenticia del soldado argentino. La alimentación en el Ejército. En tiempo de paz y en la guerra") y en el capítulo XII, de los "principales alimentos del soldado".

En el mismo sentido se pronunció el médico Pedro Escudero, quien, en la conferencia pronunciada en el Círculo Militar el 3 de agosto de 1934, titulada "La alimentación del soldado argentino" (reproducida en: RM, N° 411, abril de 1935, pp. 659 a 674; RSM, abril de 1935, p. 672), comenzó destacando: "La milicia ciudadana involucra el concepto de pueblo militar; todas las cuestiones de orden social que interesan al pueblo interesan, por extensión, al Ejército. Se concibe entonces que haya cambiado el concepto de defensa nacional y que intervengan en ella, por un lado, las fuerzas estrictamente militares y, por el otro, las fuerzas de cooperación que integran todas las formas de la actividad que cumple el país".

En RSE se publicaron: por el cirujano de división Francisco Grosso Soto, "Alimentación del soldado argentino" (N° 18, junio de 1939, p. 694); y por el mayor de sanidad Aliro Pérez, "El problema de la alimentación en el Ejército" (N° 40, abril de 1941, p. 436). RM publicó "Ensayo proponiendo un nuevo elemento-alimento en la alimentación de nuestros conscriptos", por el cirujano Pablo Lavezzo (julio de 1941, p. 109).

El coronel Jorge B. Crespo, en *La Nación...*, pensaba: "La parte referente a la alimentación representa, en nuestro país, el más pequeño de los problemas de la guerra. Las condiciones agropecuarias del país, que satisfacen y sobran para alimentar su total población, nos evita tener que entrar en otras consideraciones tendientes a demostrar una verdad y una evidencia que está en la conciencia de todos, porque la agricultura y la ganadería, precisamente, constituyen el manantial de la fortuna argentina. No podemos decir lo mismo respecto de los recursos sanitarios, tan necesarios en el transcurso de una campaña, de consecuencias no sólo para la salud de los elementos, sino también, en sumo grado, para la economía de la misma guerra y de la Nación" (p. 108).

> El cirujano de brigada Carlos A. Bocalandro y el dentista de 3ª Horacio Vivanco Furst, en "La profilaxis de la caries dentaria y el índice de ineptitud para el servicio militar", trabajo presentado en la IVª Conferencia Panamericana de la Cruz Roja, se centraron en el análisis de las caries dentarias observadas en reconocimientos médicos practicados en Córdoba, concluyendo que de 1935 a 1938 (correspondientes a las clases 1914 a 1918), fueron reconocidos 41.565 ciudadanos oriundos de la provincia, de los cuales no fueron admitidos para el servicio militar por caries dentarias 591, es decir el 1,47%. "A primera vista parecería un porcentaje mínimo —concluían los especialistas—, pero debe tenerse en cuenta que: sólo era reconocido algo más de la mitad de los que integraban el total de la clase, un 35,56% había fallecido antes de llegar a los 20 años; los eliminados por caries fueron solamente aquellos que poseían más de ocho; que el 41% de los aceptados tenían en sus bocas dientes cariados". (RSM, marzo de 1941, p. 216).

La concepción esencialmente militar del problema de la alimentación de los conscriptos pasó a constituir, según lo había planteado el médico militar **Carlos A. Bocalandro**, una cuestión social integral, que afectaba a la población en su conjunto, que debía ser atendida en todos los niveles etarios, y ante la cual el Ejército no podía permanecer prescindente ni limitado a un aspecto del problema como era el que presentaba el ciudadano conscripto.

Con el título "Racionamiento de la alimentación en tiempo de guerra", Bocalandro pronunció una incisiva conferencia en el Círculo Militar, el 8 de septiembre de 1943. Tras plantear el enfoque tradicional del problema, dividiéndolo entre "racionamiento de la alimentación en tiempo de guerra" y "racionamiento de la alimentación en tiempo de paz", Bocalandro —quien demuestra admiración por el político socialista Alfredo L. Palacios, a quien llama "verdadero *pioneer* de la asistencia social"— sentenció: "En la Argentina, país del trigo y de la carne, cuya riqueza agropecuaria lo hace considerar como el mejor granero y uno de los mejores mercados de carne del mundo, una gran masa de la población vive permanentemente racionada. El hambre es un problema nacional".

El sanitarista militar, en su conferencia, recordaba que de la clase 1921 (año 1942) fueron exceptuados el 45% (48.905 ciudadanos): 1.050 por falta de talla; 2.262 por falta de peso; 12.464 por debilidad constitucional; 5.000 por caries múltiples (total: 20.776). "En una palabra, han sido eliminados por causas imputables a deficiencias alimenticias, aproximadamente 21.000 argentinos de 20 años. Lo extraordinario es que el personal incorporado tiene y adolece de fallas y defectos físicos importantes. Si bien es cierto que el trabajo de recuperación moral y física que efectúa el Ejército sobre el hombre que incorpora es muy grande, cabe expresar que esa profilaxis a esa altura de la vida no tiene todo el valor necesario para la defensa del valor humano, como el que se efectúa en forma gradual y paulatina desde los primeros años. Es imposible mantenerse indiferente ante la gravedad de estos problemas sociales". (RM, N° 513, p. 723; RSM, agosto de 1943, p. 570; RSE, N° 69, septiembre de 1943, p. 352).

La mención de Alfredo Palacios se explica por la repercusión de los materiales reunidos en su obra *Pueblos desamparados. Solución de los problemas del Noroeste Argentino* (Guillermo Kraft, Buenos Aires, 1944), que contiene diversos asuntos promovidos desde su sitial de senador socialista por la Capital en los períodos de sesiones correspondientes a los años 1941-1942. Entre los temas centrales del libro se destacan: el desequilibrio económico y demográfico entre el litoral y el interior, el cosmopolitismo europeizante en la cultura argentina, la necesidad de revaluar lo nacional-autóctono y la revista a las necesidades básicas insatisfechas, particularmente en las provincias de La Rioja y Catamarca, en las cuales se advertían las mayores deficiencias en materia de vivienda, educación, trabajo, sanidad, servicios de agua potable, etc. En el Prólogo al libro de Palacios, fechado en junio de 1944, dijo el influyente general José María Sarobe: "Un verdadero fervor patriótico ilumina estas páginas. La voz de Palacios, alta, clara y rotunda, es el acento de la verdad. Palacios es un hombre que, de la política, hizo una milicia; ello es esencial. Su vida austera y diáfana, merece y cuenta con el respeto de todos los argentinos" (p. 19).

En la Introducción, fechada en febrero de 1942, Palacios señala: "Mientras se quebranta nuestro sistema institucional y la corrupción política invade el organismo colectivo, disolviendo los valores morales y preparando el derrumbe de la soberanía, las provincias pobres se debaten en una impotencia trágica, abandonadas a su destino por la indiferencia de todos. Las endemias más corrosivas y pertinaces han hecho presa en los habitantes de las regiones sin amparo, entregados al azote de la miseria y sumergidos en la ignorancia. La resignación fatalista está poniendo ya la nota dominante en los pueblos oprimidos. (...) Cuando todos los pueblos de la tierra se unifican o se yerguen para la defensa o la agresión, sólo nosotros nos hallamos abatidos, desarmados moral o materialmente, separados en bandos antagónicos, atomizados y deprimidos. Cuando se transforma el mundo y se alteran las condiciones de vida de los pueblos, esa división nuestra es una brecha abierta para la invasión de gérmenes disolutivos. Mantener o fomentar los antagonismos internos, desconociendo los derechos fundamentales de la nacionalidad, en lugar de promover la unión de los argentinos, sin mezquinos propósitos de ventajas personales, es traicionar los destinos de la patria y secundar los planes siniestros del extranjero sin escrúpulos que aspira a someternos. Despierten de su letargo sensualista gobernantes y dirigentes políticos y acometan la obra constructiva que reclama la República. Sólo así habrá de realizarse la unidad espiritual del pueblo argentino" (pp. 23-24).

El tema de la alimentación como problema nacional, enfocado por el sanitarista militar Bocalandro, llevaba a plantear las posibilidades de vida y la calidad de vida de la población. La primera de esas cuestiones implicaba hacerse cargo de la alta mortalidad infantil registrada en la Argentina, la cual reducía el número de población y aumentaba los gastos estatales.

"Los hechos demográficos —expresaba Bocalandro en la conferencia «Racionamiento...»— demuestran palpablemente que la lucha social tiene que ser intensa y constante, justificando todos los esfuerzos que en ella se emplean. El control minucioso de anuarios estadísticos establece que sobre 100 nacidos mueren antes de los 20 años de edad un 20% de los mismos. Anualmente, y eso se reproduce en forma periódica y cada vez con índices más altos, en el momento del reconocimiento médico del 80% restante: no son incorporados por presentar defectos físicos el 45% de los ciudadanos, lo que hace sobre el total de la clase que sean declarados aptos para todo servicio e incorporados sólo el 35%".

Bocalandro echaba mano de una estimación de la Oficina Sanitaria Panamericana, del año 1939, sobre la pérdida de capital humano, la cual "considera que el hombre que llega a los 20 años de edad, le ha costado al Estado como capital invertido, en su instrucción y atención, etc., aproximadamente $ 20.000, y que recién a esa altura de la vida es cuando comienza a devolverle los primeros intereses del cuantioso capital invertido"; por lo tanto, "si del total de la clase 1940, de 149.000 argentinos llegan vivos a la edad de 20 años de edad escasamente 100.000, de esos 100.000 son aptos 55.000, el país ha perdido un capital de 90.000 ciudadanos, que de acuerdo al coeficiente de la Oficina Sanitaria Panamericana, es el equivalente a la pérdida de un capital de $ 1.800.000.000".

(Tales argumentos habían sido utilizados por Santiago B.A. Curci, cirujano de división, subdirector del Hospital Militar Central, y por Juan F.R. Bejarano, cirujano de cuerpo, jefe de sala del Hospital Militar Central, en la nota "El problema de la tuberculosis en nuestro Ejército", publicada por RM, febrero de 1941, p. 281).

En lo referente a la calidad de vida, Bocalandro se ocupó de centrar su análisis en el nivel de salarios de la población, sobre todo de la económicamente activa —para la cual también la desocupación era acuciante—, advirtiendo que la resolución de tal problema constituía uno de los puntos de partida —si no el punto de partida esencial—, para resolver conflictos sociales que podrían llegar a ser explotados por doctrinas políticas extremistas.

"A toda esta gama de enfermedades sociales, de taras humanas, las rige el hecho capital de que gran parte de los salarios de la masa obrera de nuestro país están por debajo de un mínimo aceptable —afirmó Bocalandro en «Racionamiento...»—. La ley del salario mínimo, ni el Estado que la promulgó, la cumple estrictamente y a esto aún más lo agrava la existencia de grandes núcleos de población desocupada. La capacidad adquisitiva de los sueldos y salarios de nuestros jornaleros y obreros, decrece en los años de la guerra sin solución de continuidad. Los ingresos no alcanzan a satisfacer sino las mínimas necesidades vegetativas humanas. Se crean así problemas serios de intranquilidad social, que permiten germinar en el seno de las masas, ideas exóticas y repercuten indiscutiblemente esos salarios exiguos, por las menores posibilidades del movimiento del mercado interno, en detrimento del progreso económico de la Nación".

Si se comparan el texto de Levene sobre la magnitud del problema sanitario que evidenciaba el alto porcentaje de exceptuados al servicio militar por razones físicas, y los dichos de Bocalandro sobre las deficiencias alimentarias de la población, la alta mortalidad infantil y el bajo nivel de salarios, con el testimonio de Perón, escrito unas tres décadas después para la obra de Puiggrós sobre las causas del peronismo, se advertirá, primariamente, la capacidad en percibir y reflejar tales problemas por los sanitaristas militares y, sobre todo, su influencia en la toma de conciencia por los militares, del conflicto que subyacía en la base de la realidad social y económica argentina.

Esa toma de conciencia debe ligarse con la incitación al Ejército para que se abocara a la solución de tales problemas, alegando contar con ventajas operativas sobre los agentes civiles.

El teniente coronel Ernesto Fantini Pertiné, *Inquietudes militares de la época. Libro II* (BdO, Nº 228, 1937, 416 pp.), escribió: "El Ejército, entendemos, debe resumir en sí, en sus esfuerzos, toda la influencia moral de la Nación.

Reposando enteramente en él toda actividad política, económica y social de un pueblo, por la afirmación de sus principios morales, en forma de que la conciencia pública abrace su ejemplo, inspirado por su autoridad moral al servicio del orden, de la paz social, y del sentimiento nacional. Es imprescindible señalar que los ejércitos modernos, así como deben ser instrumentos para la guerra, debe ser órganos sociales, con función incontestablemente creadora de una élite para la vida civil".

Levene había escrito, en *Curso...*, que "sin olvidar en ningún momento que si bien es cierto que el Ejército constituye una colectividad fácilmente vulnerable por ciertas causas de enfermedades, es innegable también que la cultura que lo anima y la disciplina que lo gobierna son dos poderosos recursos para aplicar con éxito las medidas higiénicas apropiadas que en el medio civil no sería fácil realizar". De allí que, al destacar en el capítulo I la "importancia de la Higiene Militar", argumentase: "El aumento de los efectivos —ha dicho von der Goltz—, antes de la guerra, en los ejércitos modernos, da una importancia creciente al servicio higiénico y sanitario durante la guerra. Conocidas las reglas de la higiene y no ignoradas las exigencias sanitarias por ningún jefe militar, el éxito corresponderá a aquel que sepa conciliarlos, en una justa medida, con las necesidades superiores de la lucha, en la persecución de su objetivo estratégico y táctico".

El cirujano de regimiento José Opizzi, en "Introducción de la medicina preventiva en el Ejército" (RSE, N° 73, enero de 1944, p. 56), en el mismo sentido, ponderaba: "El Ejército, por tratarse de una colectividad constituida por elementos heterogéneos de distinto origen y de diferente manera de vivir, forma un excelente campo para la acción de la medicina preventiva, y así lo han comprendido nuestras (autoridades) al dedicar preferente atención al problema. Desde el punto de vista oficial, reglamentario, el examen médico periódico responde al principio de la prevención: su finalidad es descubrir, por la investigación clínica y de laboratorio, a los pre, es decir, a los que son portadores de enfermedades latentes y que, por las características de las mismas no han alcanzado el equilibrio armónico orgánico, funcional y psíquico que caracteriza al hombre sano".

(También sobre el tema: "Influencia médico-social del Ejército en el medio civil. Acción desarrollada en la Patagonia", por el teniente coronel cirujano Segundo Rentería Beltrán, en RM, N° 528, enero de 1945, p. 59).

Se aprecia, en consecuencia, que el planteo del problema excedía la órbita de los especialistas en sanidad de las instituciones armadas, para conformar diversos objetivos a resolver por las autoridades del Ejército, las cuales pasaron a ser las autoridades del Estado, como resultado de la revolución del 4 de junio de 1943.

La asignación que el Ejército, en ejercicio de los poderes Ejecutivo y Legislativo de la Nación, se trazó en materia social tuvieron como fundamento una crítica lectura de la experiencia de los altos oficiales sobre la realidad de las condiciones de vida de amplios sectores de la población.

"Califico de crimen, que puede ser traición, cerrar los ojos a la abrumadora realidad de esos pedazos de tierra argentina. He visto estos problemas personalmente y se me ha apretado el corazón al comprobar la fuerza de la desigualdad entre nuestros propios conciudadanos y no puedo comprender cómo se ha llegado a ese extremo. Hoy más que nunca el gobierno ha de extremar sus esfuerzos para otorgar soluciones adecuadas a estos aspectos negativos de la vida del país. En esta oportunidad propicia, quiero que los humildes y los desamparados sepan que la fuerza militar que tiene la responsabilidad del gobierno, no les olvida y procura resolver en breve término estas situaciones, que tanto conspiran contra el prestigio de la Patria", expresó el presidente Farrell. (MyM, 1943-1944, p. 16. El mismo párrafo figura, bajo el título "Homenaje a la Revolución del 4 de junio de 1943. Mensaje del presidente Farrell desde los salones del Círculo Militar", en RM, Nº 521, junio de 1944. p. 1085).

Vale referir en este punto el crítico documento sobre la "situación interna" de los oficiales del GOU, redactado —probablemente por el coronel Perón— en las semanas que precedieron a la revolución del 4 de junio, que Robert A. Potash (*Perón y el GOU - Los documentos de una logia secreta.* Sudamericana, Buenos Aires, 1984), comenta (pp. 187-188) y cita (pp. 202-204): "Las ciudades y los campos están poblados de lamentaciones que nadie oye; el productor estrangulado por el acaparador, el obrero explotado por el patrón y el consumidor literalmente robado por el comerciante".

Las políticas sociales puestas en práctica por el Ejército en ejercicio del gobierno nacional, llevaron al presidente Farrell a sustentar la mítica unión del pueblo con las fuerzas armadas. La cual también constituiría uno de los ejes del discurso de Perón y, por extensión, del discurso político de los militares argentinos durante décadas.

Dijo Farrell en ocasión del primer aniversario del gobierno de la revolución, en junio de 1944: "Unimos nuestro destino de militares al de nuestro pueblo. No es el derecho de la fuerza el que nos otorga el poder para dirigir, ordenar y formar los nuevos derroteros de la Nación; además de soldados dispuestos a dar la vida, somos ciudadanos de corazón y cerebro, tenemos hogares formados como cualquier ciudadano, tenemos hijos y amigos, sentimos, pensamos y sufrimos como todos: no podíamos entonces estar ausentes en la hora del peligro. He ahí la razón fundamental de nuestro derecho de conquista, que si fue ejecutado con las armas en la mano, no lo ha sido contra el pueblo, sino para radiar a los malos políticos, en defensa y apoyo de las solicitaciones populares". (MyM, 1943-1944, p. 14).

En "Homenaje a la Revolución del 4 de junio de 1943", comentó RM (N° 521, junio de 1944, p. 1059): "Los homenajes tributados con viva emoción el día histórico, tuvieron, hasta en los más lejanos centros de nuestro territorio, la participación entusiasta de los encumbrados y de los humildes, simbolizando este conmovedor exponente, el eco que ha hallado en el corazón argentino, la acción que su gobierno militar desarrolla desde el primer día de su asunción, para salvar la Patria e imponer la justicia para todos, supremo concepto del deber entre los hombres. Fácil es al soldado argentino cumplir misiones tan sagradas, ya que su espíritu se ha forjado en la abnegación, el sacrificio y en la justicia. De ahí que nuestras autoridades de hoy hayan llevado el amparo hasta los más misérrimos rincones y la protección al más humilde habitante. Y de ahí, también, que tengan el aplauso caluroso y conmovido del pueblo; y que la gesta iniciadora de tales actos haya contado con brillantes homenajes en todas las poblaciones de la Patria. Las Fuerzas Armadas y el pueblo argentino, con intenso patriotismo y profunda fe, festejan así el primer aniversario de la gesta salvadora de la Patria".

En la trascendente conferencia pronunciada al inaugurar la cátedra de Defensa Nacional, en la Universidad Nacional de La Plata, el 10 de junio de 1944, el coronel Juan Perón, en su carácter de Ministro de Guerra, a la vez que era Secretario de Trabajo y Previsión, tras reiterar los conceptos de nación en armas y de guerra total, de presentar a la guerra como fenómeno social inevitable, de alentar la preparación para la guerra desde tiempos de paz, y de destacar el rol de los pueblos en las guerras contemporáneas, sentenció:

"Todos los años un elevado porcentaje de ciudadanos, al presentarse a cumplir con su obligación de aprender a defender a su patria, deben ser rechazados por no reunir las condiciones físicas indispensables, la mayoría de los casos originados en una niñez falta de abrigo y alimentación suficiente. Y en los textos de geografía del mundo entero se lee que somos el país de la carne y del trigo, de la lana y el cuero.

"Es indudable que una gran obra social debe ser realizada en el país: tenemos una excelente materia prima, pero para bien

moldearla es indispensable el esfuerzo común de todos los argentinos, desde los que ocupan las más altas magistraturas del país hasta el del más modesto ciudadano.

"La defensa nacional es así un argumento más, que debe incitarnos para asegurar la felicidad de nuestro pueblo".

En el mismo sentido, Perón, en la conferencia pronunciada el 21 de diciembre de 1945, se refirió a los fundamentos y experiencias de la Revolución de 1943.

Publicada originalmente en *Tribuna de la Revolución* (Ediciones Nueva Argentina, Centro Universitario Argentino, Buenos Aires, 1948), fue reproducida como primer capítulo del libro de Juan Perón, *Tres revoluciones militares* (Ediciones Escorpión, Buenos Aires, 1963).

Entre las realizaciones del gobierno que lo contó como protagonista central destacó la creación de la Secretaría de Salud Pública, apuntando:

"Con respecto a esta última, cabe destacar su necesidad cuando se contempla a las clases que anualmente se presentan a cumplir con el servicio militar en condiciones desastrosas de salud".

CONTEMPLANDO ESTE ESPECTÁCULO

A modo de punto de partida para precisar los hechos ocurridos en Buenos Aires el **17 de octubre de 1945**, a la vez que para evaluar la reacción de los diferentes órganos de prensa y su influjo sobre la opinión pública ante la coyuntura política, el autor ha realizado un fichaje de los **diarios de mayor tirada e influencia en Buenos Aires y La Plata**, incluyendo el relevamiento de los **partes de seccionales policiales de la Capital** transmitidos al Departamento Central durante la mañana, y los principales **cables emitidos por la agencia de noticias Saporiti**, durante aquel día decisivo.

Esta primaria investigación cierra con el discurso pronunciado por el coronel Perón ante la multitud reunida en la Plaza de Mayo, asunto sobre el cual gira el primero de los ensayos incluidos en este libro.

FICHAS TOMADAS DE LA PRENSA ESCRITA SOBRE EL 17 DE OCTUBRE DE 1945

Se han consultado los diarios *La Nación*, *La Prensa* (los de mayor prestigio; críticos del gobierno militar y de Perón en particular), *Crítica* (notorio propulsor de los partidos políticos "democráticos"), *La Razón*, *El Mundo*, *Noticias Gráficas* (desafectos al gobierno), *El Pueblo* (vocero de sectores del catolicismo, próximos al gobierno) y *La Tribuna* (favorable a Farrell-Perón) (todos de Buenos Aires) y *El Día* (crítico del gobierno) (de La Plata). Por considerarlo de interés, se incluye al semanario *La Vanguardia* (órgano del Partido Socialista). Los grandes ausentes en esta presentación sumaria de fuentes son *La Epoca*, el diario dirigido por Eduardo Colom, gran propulsor de la política de Perón, y *Clarín*, el novel matutino fundado pocas semanas antes por Roberto Noble.

En la mañana del martes 16 de octubre de 1945, ***La Vanguardia*** publica como título de cabecera en la primera plana: "Pídese la desperonización de la administración, el término de la dictadura militar y la normalización constitucional". Al respecto, añade el vocero socialista: "Ha sido derrocado Perón, pero es necesario destruir el sistema instaurado por él y que se funda en dictadura militarista, gestapo nazi y totalitarismo social. (...) Hay que terminar con la *peronización* directa, indirecta, tolerada, aprovechada, galopada al lado para usufructuarla a su debido tiempo; o para pegar la media vuelta, si el dictador pialando por los propios *cerebros* que sostienen su acción, en su afán incontenible de hablar, encuentra su fin y se retira del escenario con su pleuresía, sus rastros de encefalitis o con sus úlceras en el estómago; llevando a la rastra a las Braun, las Petracci y compañía. Hay que desperonizar el gobierno. Hemos conquistado cosas muy importantes para perderlas".

La alusión al dictador fascista y su amante es repetida en la columna "La bolsa negra" (página 1) y se torna explícita en la nota "¿Perón está detenido por razones de seguridad y será procesado?" (página 4), en la cual los socialistas señalan: "La señora Eva Duarte, que había insistido en acompañar al detenido, no pudo conseguir su objeto".

En la misma edición, se incluye el artículo de Alfredo L. Palacios "No se puede transigir con la dictadura", el comentario "Clase obrera y democracia – La prueba llegó más pronto de lo esperado", y la "Nota de actualidad: La policía bárbara".

En un recuadro de página 6, *La Vanguardia* apunta bajo el título "Advertencia importante" que: "Según informaciones fidedignas, dirigentes conspicuos del colaboracionismo gremial andan en conciliábulos a los fines de promover una huelga general con vistas a la reposición del ex Vicepresidente *de facto*. A tal efecto se realizó en la tarde de ayer una prolongada reunión en el local de la CGT. Llevamos el hecho a conocimiento de los trabajadores conscientes para que no se dejen sorprender por la audaz maniobra".

Crítica no disimula su repudio ante la movilización en apoyo al renunciado coronel Perón.

En la quinta edición del día 16 (página 2), el vespertino comenta: "Tratan de desfilar los elementos *peronistas* – Desde temprano circula ayer en la ciudad la versión de que una numerosa columna de peronistas, todos ellos *hombres guapos*, se proponía desfilar por las calles céntricas en franco tren de provocar incidentes y dirimirlos a balazos. La policía destacó empleados de investigaciones y reforzó la vigilancia a cargo de los agentes de las respectivas seccionales. Muchas personas de filiación democrática concurrieron ayer al atardecer a la calle Florida, pues el anuncio de ese desfile de los últimos admiradores del ex Vicepresidente, Ministro de Guerra y Secretario de Trabajo y Previsión había despertado lógica curiosidad".

Sobre el mismo tema, *Crítica* (en página 6) bajo un gran titular: "Peronistas armados impidieron la entrada al trabajo, esta mañana, a los obreros de la carne – Tratarán de ganar el centro de la ciudad", agrega: "El peronismo está dispuesto a impedir a toda costa la normalización y pacificación del país. Elementos peronistas armados han tratado de paralizar el trabajo y de imponer el cierre de comercios en Avellaneda y en Valentín Alsina. Para esta tarde anunciaron una demostración en el centro de la Capital Federal. Se denuncia que cuentan con el apoyo de funcionarios adictos al coronel Perón, incrustados en el aparato de la intervención [a la provincia de Buenos Aires], y en la Secretaría de Trabajo y Previsión".

En la página 7, *Crítica* refiere que "un prestigioso grupo de abogados de nuestro foro" presentaría una querella criminal ante la justicia de instrucción contra el ex Jefe de Policía, coronel Aristóbulo Mittelbach, y otros oficiales de la repartición por los hechos ocurridos el día 12, en los que resultó muerto Eugenio Ottolenghi y fueron heridas otras 30 personas.

En la primera página de la misma edición, *Crítica* destaca con una nota gráfica el juramento del coronel Emilio Ramírez como Jefe de Policía. El vespertino califica como "importantes declaraciones" los propósitos de Ramírez de alcanzar "la mayor armonía, serenando los ánimos y pacificando el ambiente. En ese sentido, expresó, estarán dirigidos todos sus esfuerzos, entendiendo que la primera de sus obligaciones será la de evitar que se produzcan incidentes como los que se han registrado últimamente, enlutando a la ciudad".

Crítica titula la primera plana de la quinta edición del miércoles 17: "Grupos aislados que no representan al auténtico proletariado argentino tratan de intimidar a la población".

Abajo, publica una foto a toda página con esta leyenda: "Disuelven a grupos peronistas. Una manifestación de cerca de 100 personas se reunió esta mañana al pie de la estatua de Belgrano, en Plaza de Mayo, para dar vivas al ex Secretario de Trabajo y Previsión, ante la indiferencia del público y de la policía, quien, finalmente, reaccionó y los dispersó arrojando unos cuantos gases lacrimógenos que, como puede observarse, hicieron llorar en forma abundante a los *esforzados* manifestantes".

Otra foto, también de la primera plana, tomada desde una altura y en la cual se ve una treintena de personas disgregadas en la Plaza de Mayo, es presentada por *Crítica* con esta leyenda: "AVANZA UNA COLUMNA DEL CORONEL PERÓN – He aquí una de las columnas que desde esta mañana se pasean por la ciudad en actitud *revolucionaria*. Aparte de los pequeños desmanes, sólo cometieron atentados contra el buen gusto y contra la estética ciudadana afeada por su presencia en nuestras calles. El pueblo las vio pasar, primero un poco sorprendido y después con glacial indiferencia".

Otros titulares de primera plana de la quinta edición de *Crítica* del día 17 se ocupaban del presumible gran tema del día: "INMINENTE FORMACIÓN DE GABINETE", "A LAS 19.30 SE SABRÁ LA RESOLUCIÓN DEFINITIVA".

Pero la historia transcurriría por otros senderos. Así, en la parte de abajo de la primera página, informa *Crítica*: "PERÓN ESTÁ EN EL HOSPITAL MILITAR; SE ENTREVISTÓ CON DELEGADOS OBREROS".

En la crónica de los acontecimientos de la mañana, *Crítica* se ocupa de la conducta de los efectivos policiales: "LA POLICÍA ACTUÓ HOY MANSAMENTE" (página 1), y dispara contra Perón y sus seguidores (página 3): "La relación de los episodios ocurridos de anoche a hoy en distintos sectores de la ciudad y su periferia, especialmente en el cordón industrial, demuestra cuál es la verdadera naturaleza de la agitación que se está desarrollando".

A continuación, *Crítica* comenta diversos escenarios del avance de las columnas salidas de partidos del Gran Buenos Aires hacia los puentes de acceso a la Capital Federal.

"La policía provincial se limitó a recorrer las calles, pero sin tomar ninguna medida para impedir los desmanes de los peronistas.

"CRUZAN LOS PUENTES DEL RIACHUELO. Como medida de previsión habían sido levantados los puentes que cruzan el Riachuelo, pero, poco después de las 8, esa medida fue dejada sin efecto. Inmediatamente los grupos avanzaban en dirección a la Capital, llevando al frente banderas y carteles con la fotografía de Perón. Los agentes destacados en el deslinde, en el primer momento, trataron de disuadir de sus propósitos a los manifestantes, pero luego les permitieron avanzar en columnas por la calle Vieytes, desde el Puente Pueyrredón, y por la Avenida Sáenz, desde Puente Alsina.

"Cometen desmanes en Barracas. Los grupos de muchachones que marchaban en las columnas cometieron desmanes a su paso. Así, en la esquina de las calles California y Herrera agredieron al conductor de un camión cargado con botellas de cerveza. Luego consumieron la casi totalidad de la bebida y arrojaron los vidrios rotos a la calzada. Esto ocurrió a una cuadra de la comisaría 30ª sin que se tomara medida alguna contra los autores del atentado.

"La policía provincial en los grupos. A todo esto, en Avellaneda seguían recorriendo las calles grupos de individuos armados al grito de *Viva Perón*, obligando a abandonar el trabajo a los obreros en los distintos establecimientos industriales. La policía no intervenía en ningún caso y los camiones de la repartición, estacionados en la Avenida Mitre, tenían en sus carrocerías inscripciones que habían hecho los manifestantes a favor del ex Secretario de Trabajo y Previsión. Algunos agentes, probablemente francos de servicio, se plegaron a los manifestantes y formaron en las filas de los que marchaban en dirección a la Capital".

En la zona de la Plaza de Mayo, "algunos grupos fueron dispersados por los escasos agentes de policía que ocupaban un camión y seguían luego de reorganizadas sus filas por Avenida de Mayo o por Moreno rumbo a la Secretaría de Trabajo y Previsión".

Crítica insiste en página 2: "Con gases, dispersaron a 300 peronistas en Plaza de Mayo, al querer formar una columna. Algunos iban a caballo y llevaban banderas y carteles"; y en página 3 publica una foto donde se observa a un grupo de personas frente a la Casa de Gobierno, al pie del monumento a Belgrano, vivando a Perón. Al pie, se incluye esta leyenda: "La policía, luego de mantener una actitud de tolerancia, dispersó a los mismos con bombas de gases lacrimógenos, pero siempre utilizando un sistema muy contemplativo. Los manifestantes, mientras tanto, daban vivas a la policía, como si quisieran granjearse su simpatía y colaboración para proseguir su recorrido".

Crítica añade en la página 2: "Los obreros de la construcción apedrearon a los peronistas". "Al mediodía se ordenó el acuartelamiento de la policía, en previsión de los sucesos".

En la página 3, *Crítica* alerta: "Los auténticos obreros denuncian el paro de los elementos peronistas – Numerosos comunicados han denunciado estas maniobras".

Otra vez sobre la policía: *Crítica* anuncia en la página 4, con grandes titulares, el procesamiento por el juez Rodríguez Ocampo del coronel Mittelbach y otros funcionarios policiales.

La Razón destaca en la primera plana de la quinta edición del miércoles 17 las actividades realizadas para la formación del gabinete nacional: "Fue intensa la gestión del Dr. Juan Álvarez encaminada a la constitución del gobierno – En una reunión decídese hoy el problema del futuro gabinete".

Las manifestaciones en adhesión al coronel Perón, que habían comenzado a verificarse desde horas tempranas de la mañana, figuran en segundo plano: "Numerosos grupos, en abierta rebeldía, paralizaron en la zona Sur los transportes y obligaron a cerrar fábricas, uniéndose luego en manifestación en la Capital Federal".

"Aunque los sucesos callejeros (...) suscitaron el comentario de la población, es evidente que la mayor atención se encontraba en las gestiones que venía realizando el doctor Juan Álvarez para poder completar el gabinete…", afirma *La Razón*.

En otras columnas de primera plana, el vespertino informa sobre las manifestaciones en la Capital remitiéndose a las comunicaciones cursadas por diversas comisarías de la Capital al Departamento Central de Policía.

En la página 7, bajo el título "Los auténticos obreros repudiaron la maniobra – Expresión de la unión obrera", *La Razón* reproduce la siguiente declaración: "Los intentos de manifestaciones y los disturbios que vienen registrándose desde la tarde de ayer, así como el impreciso anuncio de una huelga general que sería organizada por elementos sindicales vinculados al coronel Perón, han provocado expresiones terminantes de repudio de parte de organismos políticos obreros y sindicatos libres, además de un rotundo desmentido acerca de la posibilidad de que los auténticos obreros organizados voluntariamente se presenten a tal conato de paro general".

La Razón reapareció el día 19, sin otorgar mayor repercusión a los sucesos de la Plaza de Mayo. La primera página está dedicada totalmente a noticias del exterior, y las referencias que se hacen a lo ocurrido el miércoles 17 se limitan a transcribir algunos ecos de aquella jornada por algunos medios extranjeros: "Formulan amplios comentarios en el exterior". A ese titular se agregan opiniones que hablan de "falta de democracia", "dramático proceso", "epílogo desdichado", etc.

Noticias Gráficas fue otro de los vespertinos que se refirió a lo que iba ocurriendo en la Capital y alrededores el mismo 17 de octubre. La noticia fue bastante concisa y relegada a la página 3, ya que en la primera plana se ocupaba de las gestiones desarrolladas por Juan Álvarez.

En la página 7, el diario se hace eco de una declaración del Comité Ejecutivo Nacional del Partido Socialista:

"En una declaración (...) del Partido Socialista (...) se pone de manifiesto que presuntas organizaciones obreras y algunos elementos adictos hasta ahora al servicio de los planes políticos del ex Vicepresidente (...) intentan desatar una huelga revolucionaria para que dicho funcionario, que no está detenido, según información oficial, vuelva a los cargos de los que ha sido depuesto. (...)

"Agrega el comunicado que, por el conocimiento que se tiene de reuniones y preparativos que se realizan con ese fin, considera su deber denunciar a dichos elementos, que tienen por objeto confundir a la opinión de los trabajadores y crear factores de perturbación y anarquía. No se trata —dice el comunicado— de un movimiento auténticamente gremial en defensa de (...) intereses confesables: es una tentativa de dirigentes entregados a la dictadura implantada por el ex Secretario de Trabajo y Previsión, muchos de ellos a sueldo de la repartición, con el evidente propósito de alterar la normal solución de la crisis planteada (...) y complicar en ello a sindicatos que manejan a espaldas de la mayoría de los agremiados. (...)

"En las actuales circunstancias oculta una finalidad antidemocrática y dictatorial cualquier agitación que procure rehabilitar al principal responsable de la situación a la que ha sido conducida la República. (...) El partido Socialista pone en guardia a los trabajadores para que no sean víctimas nuevamente de agentes provocadores y de bandas públicamente denunciadas como autores de criminales atentados. (...)

"El pueblo argentino, al tiempo de exigir sean extirpados de raíz los elementos complicados con el régimen peronista y destruidas sus bases de operaciones en la administración (...) debe mantenerse leal a los principios democráticos".

El matutino *La Nación* publica en su edición del jueves 18: "Farrell y Perón hablaron desde uno de los balcones del Ministerio del Interior. El ex Vicepresidente anunció que se había firmado su retiro por lo que se entregaba a los trabajadores para luchar en medio de ellos". En la misma página decía: "Grupos de obreros organizados con finalidad que pronto sería elocuentemente expresada, hicieron acto de presencia en diversas partes de la Capital Federal, manifestando sus deseos de que el coronel Perón retornara a primer plano en la actividad nacional. (...) En el Sur de la ciudad fue (...) donde se hicieron más ostensibles las manifestaciones".

La Nación opina sobre aquella trascendente semana en el editorial "Reflexión necesaria", publicado el día 21 (página 6):

"Los sucesos ocurridos últimamente en el país con motivo de concentraciones populares han provocado en la opinión pública un sentimiento que es algo diferente del que surge a propósito de las manifestaciones corrientes de la democracia, por agitadas que sean. Ya en el mes de agosto cundieron la intranquilidad y la extrañeza por los ataques a mansalva realizados impunemente por bandas armadas contra las demostraciones organizadas con el objeto de festejar el triunfo definitivo de las Naciones Unidas. En la semana que terminó ayer los vecindarios de la Capital Federal y de otras ciudades importantes han presenciado con asombro y pesar el espectáculo dado por agrupaciones de elementos, que no obstante la categórica prohibición, de fecha reciente, de celebrar reuniones en la vía pública, han recorrido las calles dando vítores a ciertos ciudadanos y, en esta ciudad acampando durante un día en la plaza principal, en la cual, a la noche, improvisaban antorchas sin ningún objeto, por el mero placer que les causaba ese procedimiento. Sin embargo, la mayor gravedad de esa situación no ha consistido ni aquí ni en otras localidades en el desfile vocinglero por las avenidas, ni en las leyendas que eran estampadas en las paredes y en los vehículos que se encontraban en la recorrida. Han habido también verdaderos atentados contra diarios, uno de ellos de esta Capital [*Crítica*], por sustentar opiniones contrarias a las de los manifestantes.

"Ha sido un espectáculo lamentable. Lo habría sido en cualquier instante de nuestra historia, pero lo es mucho más en este período, por la jerarquía que ha alcanzado la Argentina en la comunidad de las naciones. Fuera de sus consabidas riquezas naturales, ella ha

llegado a tener en el mundo un papel destacado, por los medios que conducen naturalmente a ese resultado. Al ser organizada definitivamente la Nación, los primeros presidentes emprendieron la obra de suprimir los restos de barbarie representados por el caudillaje cerril, para que de uno a otro extremo del territorio no reinase sino la cultura de los pueblos eminentemente civilizados. El afianzamiento de esa justicia y el desenvolvimiento de la instrucción se contaron entre los diversos recursos empleados con ese fin. Paralelamente a esos esfuerzos y como consecuencia de ellos fue posible confirmar el desarrollo de las ciencias, las letras y las artes, entorpecido por la larga tiranía. Los grandes países dejaron de ver a estas tierras como un simple abastecedor de materias indispensables, para reconocerles la importancia que les corresponde por su adelanto en los otros órdenes. La consideración se acentuó cuando llegó el momento de la evolución institucional, cumplido por el Presidente que restituyó al pueblo la libertad electoral de que en los períodos inmediatamente anteriores había sido despojado con la ayuda de una pésima legislación.

"Circunstancias como las referidas despertaban en los argentinos la legítima ambición de aproximarse cada vez más, a los países monitores de la civilización. Es sabido que el progreso debe revelarse hasta en los detalles. Se ha dicho con referencia al pueblo británico que no sólo Inglaterra es una isla, sino cada inglés también lo es.

"Si citamos el concepto, no es para pronunciarnos acerca de su acierto o desacierto, sino para dejar una vez más la constancia de que dentro del código de costumbres y condiciones de carácter que los distinguen, los miembros de ese pueblo no ejercen sus derechos con denuestos ni, por consiguiente, con agresiones de hecho.

"Nadie piensa en ello, y si por acaso hubiese quienes pretendiesen infringir esa regla de conducta, se verían reprimidos en el acto por la autoridad, apoyados en el sentimiento de la colectividad. Sería superfluo citar numerosos países a los cuales es aplicable idéntica reflexión.

"Los sucesos acaecidos entre nosotros importan un retroceso en la legítima ambición a que hemos aludido de colocarnos, con perfecto derecho, desde el punto de vista del respeto recíproco en todas las relaciones, al lado de aquellos países.

"Bandas armadas, manifestaciones agresivas, a veces sin discriminación y ocupación en la forma en que se ha conocido de la plaza en la

que se levantan la Pirámide de Mayo y la estatua del insigne creador de la bandera, son hechos que no tienden a la recordada aproximación, sino, por el contrario, al alejamiento.
"Es de esperar que sucesos de aquella índole no se reproduzcan. Para impedir su retorno, ha de bastar un instante de reflexión de los responsables de los destinos del país".

La Prensa, en su edición del día 18, titula en la página 7: "Después de manifestaciones callejeras, que se sucedieron durante todo el día, hablaron desde la Casa de Gobierno el general Farrell y el coronel Perón – Por la tarde, el doctor Juan Álvarez, encargado de proponer los candidatos para organizar los ministerios vacantes, presentó la lista correspondiente". El tratamiento de ambos temas tiene una extensión pareja.

En los días siguientes, los editoriales de *La Prensa* tratan diversos temas, pero ninguno relacionado con las manifestaciones del 17 de octubre.

Llegado el día 31, *La Prensa* expresa abiertamente su opinión sobre lo acontecido dos semanas atrás en la Plaza de Mayo, al ocuparse de una declaración de la Unión Cívica Radical. En la primera página, en la sección "Comentarios", y bajo el título "Impresiones compartidas por la opinión pública", figura un resumen: "La reciente declaración de la Unión Cívica Radical está respaldada por la opinión pública en todo cuanto se refiere a los hechos que señala como causa de un ambiente contrario a la libre expresión de la voluntad popular".

En la página 10 se encuentra la nota completa, de la cual se destacan estos juicios:

"En su declaración de anteayer la U.C.R. señala varios hechos como causas de *un ambiente contrario a la libre expresión de la voluntad popular*. Puede decirse que el juicio expresado en ese documento está respaldado por la opinión pública.

"El organismo partidario que ha formulado tales apreciaciones, fundándolas en la simple exposición documentada de un estado de cosas perfectamente conocido, ha tenido así, en razón de las circunstancias, la virtud de hacerse intérprete de lo que el país siente y cree a ese respecto. Cabe (...) reconocer que (...) ya habían emitido análogos conceptos otras entidades representativas de otras actividades de la vida nacional, como centros universitarios, asociaciones de profesionales, sindicatos de obreros no oficializados, etc. (...)

"Ese es, por ejemplo, el caso de los espectáculos ofrecidos en la Capital Federal y algunas ciudades del interior (...) durante los días 17 y 18 (...). Afirma la declaración radical que *reparticiones públicas planearon al detalle esos actos*, y añade que *se sabe con certeza, que pudieron realizarse, en gran parte, usando de la coacción y la amenaza*, para que al fin los manifestantes que participaron en los desfiles se sintieran estimulados por una impunidad que se evidenció en actos de vergüenza para la Nación. Todo eso, empero, ha merecido unánime repudio. A nadie se le oculta el origen y la finalidad de aquellos despliegues, como no se le ocultan tampoco a nadie los factores que los hicieron posibles. (...)

"La U.C.R. considera que la actual etapa que ha dado en llamarse de preparación electoral, dista muchísimo de autorizar el menor optimismo (...).

"En los referidos antecedentes (estado de sitio, interventores y funcionarios adictos a un candidatos, etc.) (...) basa la U.C.R. la conclusión de que si no se modifica la situación existente, corresponde admitir como cierto el propósito de asegurar la imposición de un candidato oficial.

"El juicio es compartido por la opinión pública del país entero (...) hay ya una demanda satisfecha (restablecimiento de la actividad de los partidos políticos), pero quedan otras pendientes que podríamos resumir así: no permitir que continúen en manos de colaboradores de ninguna tendencia resortes del poder que ya se han empleado y se pueden seguir empleando con fines de proselitismo político y de presión sobre los ciudadanos y los habitantes de la República.

"Esto es (...) lo que debe hacerse para que sea posible lo que se promete".

El Mundo publica en la página 3 de su edición del día 18 este encabezado: "Reclamó el público congregado en la Plaza de Mayo la presencia de Perón".

En un subtítulo de la misma página se lee: "Desde las primeras horas de la mañana de ayer, en los distintos barrios de la ciudad, comenzaron a formarse grupos de personas que, expresando su adhesión al coronel Perón, iniciaron la marcha hacia la zona céntrica. Entre tanto, comenzaron a llegar a la Capital núcleos mucho más numerosos procedentes de las localidades circunvecinas situadas al Sur de la ciudad".

El matutino amplía la información sobre "la formación de las distintas columnas" remitiéndose, al igual *La Razón* en su edición del 17, a "los partes que las comisarías seccionales transmitían al Departamento Central de Policía, a medida que se iban desarrollando los sucesos".

En la página 4, *El Mundo* sostiene: "COMPULSIVAMENTE PROVÓCASE EL PARO DE LAS ACTIVIDADES EN LOCALIDADES BONAERENSES".

En otra columna, agrega con un titular de menor tamaño: "FÁBRICAS, FRIGORÍFICOS Y COMERCIOS DEBIERON CERRAR", y comenta: "Hizo crisis en las primeras horas de la madrugada de ayer la agitación que desde la víspera venían realizando los dirigentes adictos al ex Vicepresidente de la Nación, con el objeto de obtener la paralización de todas las actividades en las poblaciones del Sur, vecinas a la Capital Federal. Mucho antes de salir el sol ocupaban ya sitios estratégicos ante los frigoríficos y grandes fábricas (...) crecidos contingentes de particulares, muchos de los cuales no ocultaban la tenencia de armas. (...) Estos grupos tuvieron por misión impedir la entrada de los obreros a los diversos establecimientos (...) exigieron la clausura de las actividades diarias. Esta conminación fue aceptada...".

Para terminar con las noticias que tratan del cierre de fábricas y comercios, *El Mundo*, con el título "EL COMERCIO CIERRA", agrega: "A las ocho, comenzaron a abrir sus puertas los comercios minoristas, pero inmediatamente se hicieron presentes delegaciones del comité de agitación, solicitando la suspensión de las actividades, y exhortando a los empleados a plegarse al paro".

La página 5 está dedicada a comentar las vicisitudes sorteadas para la formación del gabinete nacional.

La opinión de *El Mundo* sobre los acontecimientos aparece reflejada en el editorial "LO QUE EL PAÍS NECESITA PARA SU ENCAUZAMIENTO INSTITUCIONAL", publicado el día 23 (página 4), una vez compuesto el nuevo gabinete del presidente Farrell: "Después de una sucesión rápida de acontecimientos que justificadamente llegaron a preocupar a la opinión pública, dejando algunos de ellos una impresión penosa y desalentadora en el ánimo de los que tuvieron oportunidad de presenciarlos, quedó ayer integrado el gobierno". En el mismo editorial advierte dicho matutino: "No era fácil (...) penetrar el sentido de las cuestiones planteadas en los últimos días y menos aún comprender bien el sentido de los hechos".

La Tribuna cierra la versión totalmente favorable a los sucesos del 17 de octubre que venía presentando, con un editorial de primera plana, publicado el día 31, bajo el sugestivo título "Pronunciamiento popular":

"150 años de experiencias desafortunadas fueron dolorosamente necesarias para que el mundo se convenciera del fracaso de un individualismo capitalista, inconsciente y sordo a todo reclamo de justicia social. (...) Llegada la hora de ese convencimiento, nuestro pueblo no podía permanecer indiferente y aunque todos los medios de represión de las ideas (...) se encontraban de largo tiempo atrás empeñados en (...) confundir (...) sus ideas fundamentales, al producirse inesperadamente los últimos sucesos, supo apreciar con clarividencia la importancia fundamental del instante y obrar como correspondía. (...)

"El pueblo (...) es rápido y seguro cuando se resuelve a actuar (...) no necesita directivas magistrales para encontrar el cauce de sus aguas. Llega a él (...) y arrastra cuanto encuentra a su paso (...).

"Así llegó esta vez, con aguas mansas, cantando el himno de la patria (...) y con perfecto orden, mal grado el carácter despectivo con que han pretendido calificarle las personas y los órganos vendidos al oro exterior, desfiló por las calles y se concentró en número imponente en la histórica plaza de nuestra soberanía. (...)

"El pueblo ha iniciado con paso firme su marcha hacia la conquista definitiva de una justicia social muchas veces prometida pero nunca otorgada. (...)

"La Revolución ha dado un fruto magnífico que se llamará en la historia *pronunciamiento popular del 17 de octubre*. Sólo los tupidos de entendimiento y los que se obstinan a ver con ojos serviles, de retina adaptable a la convivencia de sus amos, pueden negar la enorme trascendencia de los hechos. Por primera vez desde la Revolución de Mayo, el pueblo resuelve su destino, por simple acción de presencia, sin armas, sin escándalos".

El matutino **El Pueblo**, en la primera plana de su edición del día 17, tituló: "Continúan las gestiones para constituir gabinete – Créese que es inminente su formación".

En un recuadro destacado, se reproduce un comunicado del Ministerio de Guerra: "Por encargo del Excelentísimo Señor Presidente de la Nación [general Edelmiro Farrell], el Ministro de Guerra [general Eduardo Avalos] reitera que el Ejército no intervendrá contra el pueblo en ninguna circunstancia. Solamente procederá para guardar el poder cuando la gravedad de los hechos así lo imponga. Además insiste nuevamente de que con respecto al coronel Perón sólo se han tomado medidas para su seguridad personal". En otro recuadro se completa la información: "Oficialmente se informó que no se encuentra en calidad de detenido el coronel Perón".

En la página 2 de la misma edición del día 17, *El Pueblo* reproduce otro comunicado: el de la Policía Federal fechado el 16: "Grupos de personas organizadas en manifestación, avanzaron hoy, por diversas calles, en dirección al centro de la ciudad, procedentes de la provincia de Buenos Aires. Gran parte de estos manifestantes procedían, presumiblemente, de Avellaneda y pueblos vecinos. La policía procedió a dispersarlos".

En la habitual columna "La política" (de página 3), incluye *El Pueblo* estos comentarios:

"Un nuevo tramo en la revolución – Estamos asistiendo a una nueva experiencia política. Desde la revolución del 4 de junio hasta ayer las designaciones ministeriales han sido tantas que ya no se considera cosa extraordinaria el cambio de un conjunto ministerial. Pero esta vez advienen al gobierno revolucionario hombres de otro sector, el mismo sector que fuera tan menospreciado recientemente por ese orador incansable que ahora observa el desarrollo de los acontecimientos desde su retiro.

"Base electoral – Realmente el coronel Perón puede tener una base electoral. La ha sabido cultivar. Es indudable. Y esto no lo desconocen quienes saben ver en torno, con frío cálculo, despojado de todo pasionismo. Contra los optimistas presurosos, están alertas los dirigentes de los partidos que no ignoran la importancia que tienen los votos en un país de sufragio secreto".

El Pueblo tituló en la primera plana del día 18: "Pidió el Presidente argentino trabajo, unión, tranquilidad – No será entregado el gobierno a la Corte – Una imponente manifestación realizóse ayer".

Al referir los hechos, dice *El Pueblo* (página 7): "La masa de trabajadores reunidos en la histórica Plaza, comenzó a tomar posiciones de consideración a partir de las 15 en que columnas procedentes de todas las direcciones desembocaban en dicho lugar llevando banderas con los colores nacionales y cartelones, toscamente pintados con leyendas alusivas al coronel Perón. Obreros ocupando carros y llevando en marcos familiares el retrato del ex Vicepresidente de la República llegaban poseídos del mayor entusiasmo, que exteriorizaban por medio de sonoros vítores, formando un tono de alta sonoridad que no se interrumpió hasta después de media noche, en que el público abandonó la Plaza, lo que da una idea del entusiasmo y fervor que reinaba en la grandiosa reunión".

En el editorial del día, titulado "La Patria lo reclama; la posteridad lo juzgará", concluye *El Pueblo*: "Que sean de serenidad, de inteligencia, de nobleza, de desinterés, las actitudes y los sentimientos que impulsen de ahora en adelante a las autoridades, a los dirigentes y a los ciudadanos de toda la Nación. La Patria lo reclama imperativamente en esta hora difícil y la posteridad, en el juicio solemne de la historia, no será benévola para los argentinos, si en el presente no se inspiran en las grandes lecciones que desde el pasado nos legaron los próceres, que no pocas veces afrontaron, superándolas, situaciones críticas como las que hoy vive el país".

En otra nota, titulada "Sobre los sucesos de ayer", señala *El Pueblo* acerca de la manifestación congregada en la Plaza de Mayo: "En primer lugar ha de destacarse que estaba compuesta esa reunión, en su casi totalidad, por auténticos trabajadores y empleados, gente humilde sin duda, de uno y otro sexo y de todas las edades. Algunos llegaban desde muy lejos, desde todos los pueblos limítrofes, y el levantamiento de los puentes obligó a muchos grupos a realizar caminos más largos. Habiendo recorrido desde la mañana, varias partes de la ciudad, ha de señalarse que su conducta fue de tranquilidad, dentro de la que puede pedirse en exteriorizaciones de esta clase; que no hubo que señalar hechos dignos de llamarse desmanes y que los estribillos que predominaron, en su gran mayoría, no implicaban *mueras* ni *abajo* sino que se limitaban a expresar adhesión al ex Vicepresidente, refiriéndose también al Presidente de la República. Fueron pocos, y no muy graves, los denuestos que se oyeron con respecto a otras figuras políticas".

Asimismo, *El Pueblo* reproduce un importante comunicado emitido en horas de la madrugada: "La División Informaciones de la Secretaría de la Presidencia de la Nación informa que el Excelentísimo Señor Presidente mantiene conferencias con Jefes de las unidades de la guarnición de Campo de Mayo. Que la manifestación que se formara desde la mañana de hoy y que se concentrara en la Plaza de Mayo se ha disuelto en perfecto orden, reinando tranquilidad en toda la Capital, así también en el interior del país. Que en estos momentos se halla estudiando la constitución del nuevo gabinete, cuya formación se dará a conocer en la fecha".

El viernes 19, *El Pueblo* incluye en su columna "LA POLÍTICA" (página 3) estas observaciones:

"VERTIGINOSOS ACONTECIMIENTOS – Como siempre, estamos trazando un panorama objetivo. Los acontecimientos de los últimos días se han precipitado en forma tal que han superado todo cálculo. No se podía suponer tanta rapidez en el desenlace que apareció en la misma plaza pública. Allí fue resuelta esta etapa de la crisis, una de las más dramáticas, una de las más agudas, una de las más importantes de este largo proceso de retorno a la normalidad.

"UNA MULTITUD DICTÓ UNA SOLUCIÓN – Ha sido una multitud, salida de todos los barrios y pueblos suburbanos, la que en marcha impresionante, sin cansancio, sin interrupción, dictó una solución del momento. Desde ahora, el gobierno de la Casa Rosada no podrá dejar de mirar hacia la plaza".

Diversas agresiones perpetradas por simpatizantes del coronel Perón contra la sede del matutino ***El Día***, de La Plata, impidieron su normal publicación los días 17, 18 y 19 de octubre.

En la edición del sábado 20 (página 4), *El Día* presenta como titular: "DURANTE DOS DÍAS SE COMETIERON GRAVES DEPREDACIONES EN LA CIUDAD". La página está principalmente dedicada a narrar cómo se sucedieron los hechos en la ciudad de La Plata y alrededores, haciendo hincapié en las agresiones sufridas por el diario y otros establecimientos. En el centro de la página aparecen varias fotos reveladoras de las huellas dejadas por los atentados, acompañadas por estos textos: "Pruebas gráficas de las agresiones llevadas contra El Día"; "Cuatro aspectos de las agresiones llevadas contra El Día – Al paso de la columna se descarga una nutrida y larga pedrada. Dos automóviles pertenecientes a nuestra casa fueron volcados sobre la calle 45. A uno de ellos, tiempo después, los atacantes le aplicaron fuego. La vereda del edificio de este diario, tal como quedó luego del paso de los manifestantes".

En otras columnas de la misma página 4, *El Día* continúa refiriéndose a los atentados cometidos durante las manifestaciones: "Grandes columnas organizadas en Berisso se trasladaron a La Plata donde procedieron a su albedrío. Daños en comercios y domicilios – El jueves hubo otra manifestación y con ese motivo se reprodujeron con más intensidad los atentados. Síntomas de hechos graves – Desde temprano fue posible presentir la repetición de los deplorables episodios – Algunos grupos iniciaron las acometidas contra distintos comercios". En un recuadro, puede leerse una declaración de la Federación Universitaria de La Plata repudiando los hechos.

El Día comenta lo ocurrido en la Plaza de Mayo el día 17 en su edición del sábado 20 (página 5) bajo estos titulares: "El Presidente y Perón hablaron el miércoles desde los balcones de la Casa de Gobierno - El primero dijo que no se entregará el Gobierno a la Corte y que se formará un gabinete adicto a la causa trabajadora".

En la misma página, el diario platense vuelve sobre los incidentes: "Quedaron abundantes huellas de los desmanes. Tres de las presentes notas muestran parte de las huellas dejadas en algunos comercios por los ataques llevados por núcleos de exaltados"; "Elementos peronistas lograron paralizar en la Capital Federal las actividades fundamentales. Cómo organizó el plan – Los acontecimientos de la jornada tuvieron su primer exteriorización en la zona suburbana (...) revistiendo desde un comienzo graves caracteres".

En el editorial "La tranquilidad del pueblo", publicado el domingo 21, señala *El Día* (página 1): "Nuestra ciudad, y también otras muchas e importantes del país, vivieron en los últimos días horas de intensa y permanente zozobra. Las depredaciones cometidas no tienen antecedentes en la historia de La Plata, porque nuestra capital nació cuando las fronteras del país encerraron un territorio definitivamente conquistado para una ordenada y respetuosa convivencia. La reprobación colectiva ha sido unánime, pero cabe observar que el vecindario se mantiene en expectación, el ánimo en acecho y el ojo atento. Este es el aspecto que no puede prolongarse. (...) La autoridad deberá obrar (...) porque no es posible que la población monte guardia".

En el texto de ese editorial (página 3), se agregan consideraciones del siguiente tenor:

"Depredaciones libremente cometidas en las zonas céntricas contra comercios, instituciones de diversa índole y respetables domicilios particulares, con o sin discriminación, crearon un clima de inseguridad e inquietud como no se recordará otra igual.

"La condenación ha sido unánime y severa, como también inmediata y significativa la solidaridad de los distintos sectores de la población que experimentó el agravio (...) los excesos, al chocar con un estilo de vida afianzado, unen a todos en la defensa de aquella modalidad social intempestivamente herida. Tan se han hallado fuera de marco esos episodios, que hubo a todas luces un primer momento de asombro y desconcierto, al cual ha seguido de inmediato el planeamiento de formas de organización vecinal para la defensa y represión de cualquier intento renovado.

"Naturalmente que no eran necesarios hechos de este linaje para saber cuál sería el juicio de las ciudades. Un elemental razonamiento (...) manejo de la opinión pública, hubiera indicado que jornadas como las del miércoles y jueves (...) no volverán a ser toleradas por una ciudad como La Plata ni tampoco por ninguna de la República, porque todo el país ha sido ganado hace mucho por la civilización. (...) El caso reciente mal podría considerarse como la consecuencia de un debate de ideas o principios".

El editorial concluye afirmando que se vivieron "días de escarnio para la ciudad" y que "se tuvo la sensación de hallarse ante un peligro común y extraño", ante lo cual *El Día* formula un llamado a las autoridades a fin de que eviten la repetición de tales hechos.

PARTES DE SECCIONALES DE POLICÍA DE LA CAPITAL TRANSMITIDOS AL DEPARTAMENTO CENTRAL DURANTE LA MAÑANA DEL 17 DE OCTUBRE DE 1945, QUE SE REPRODUCEN EN ALGUNOS DIARIOS DE AQUEL DÍA

COMISARÍA 14ª – A las 7 en Brasil y Paseo Colón se congregaron unas 1000 personas procedentes de la provincia de Buenos Aires. Fueron dispersadas.

COMISARÍA 24ª – A las 8.20 unas 1000 personas marchan hacia la zona céntrica.

COMISARÍA 14ª – A las 8.35 en Independencia y Paseo Colón fue disgregada una manifestación que marchaba hacia el Centro.

COMISARÍA 2ª – A las 8.40 unas 70 personas se congregaron frente al local de la comisaría reclamando la libertad de los detenidos en la manifestación disuelta hacia las 7 horas.

COMISARÍA 2ª – A las 8.40 se congregan en la Plaza de Mayo unas 1500 personas.

COMISARÍA 2ª – A las 9 unas 4000 personas avanzan por Alsina hacia el Oeste. Fueron dispersados en la zona de la Plaza de Mayo.

COMISARÍA 30ª – A las 9.30 de 8 a 10.000 personas fueron dispersas frente al Puente Pueyrredón.

COMISARÍA 22ª – Por Belgrano marchan unas 500 personas con dirección al puerto.

COMISARÍA 22ª – Por Vieytes marchan unas 5000 personas.

COMISARÍA 22ª – A las 10 fueron dispersadas unas 400 personas en México y Azopardo. Por Uspallata avanzan 2000 personas. Por Bernardo de Irigoyen avanza hacia la Plaza de Mayo una columna de 10.000 manifestantes.

COMISARÍA 4ª – A las 11.20 en Belgrano y Bernardo de Irigoyen se concentraron unas 4.000 personas con intención de dirigirse a la Plaza de Mayo. Fueron dispersas.

COMISARÍA 10ª – Por Rivadavia y Avenida La Plata unas 3.000 personas avanzan hacia el Centro.

Comisaría 8ª – A las 11.50 unas 400 personas avanzan por Rivadavia hacia el Centro.

COMISARÍA 5ª – A las 12 unas 2000 personas avanzan por Corrientes hacia el Oeste.

Comisaría 3ª – A las 12.10 por Corrientes hacia el Este se observa una manifestación que cubre unas 10 cuadras.

Comisaría 5ª – A las 12.10 en Callao y Cangallo, Montevideo y Cangallo, y Callao y Córdoba se formaron manifestaciones que abarcan unas 10 cuadras.

Comisaría 17ª – A las 12.25 en Callao y Charcas se reunieron cerca de 500 personas, que avanzaron hacia el Centro.

Comisaría 2ª – A las 12.27 fueron dispersos manifestantes en la Plaza de Mayo.

Comisaría 18ª – A las 12.27 unas 300 personas se congregaron en Matheu y Cochabamba.

Comisaría 19ª – A las 12.50 unas 500 personas se reunieron frente a la Facultad de Derecho (Las Heras y Pueyrredón).

Comisaría 21ª – A las 13 por Las Heras hacia Plaza Italia avanza una manifestación de unas 4 cuadras.

Comisaría 1ª – A las 13 en Diagonal y Florida, unas 200 personas se movilizan hacia el Oeste.

Comisaría 2ª – A las 13.10 fueron dispersadas de la Plaza de Mayo unas 500 personas.

La Policía estima que hacia las 21.30 se habían concentrado en la Plaza de Mayo y alrededores unas 200.000 personas.

CABLES DE LA AGENCIA DE NOTICIAS SAPORITI DEL 17 DE OCTUBRE DE 1945

[UNO]

Los acontecimientos de la jornada tuvieron su primera exteriorización en la zona suburbana, especialmente la comprendida por los partidos de Avellaneda, Lomas de Zamora y 4 de Junio [Morón], revistiendo desde un comienzo graves caracteres.

En las horas iniciales de la mañana, se estableció la presencia de nutridos grupos de personas en los distintos barrios de la zona vecina a la Capital Federal, los cuales se apersonaron a los establecimientos industriales y comerciales exigiendo la cesación del trabajo y el cierre de las puertas, a la vez que se colocaron ante esos edificios en actitud decidida, grupos que impidieron el acceso al personal que pretendía dirigirse a sus puestos de trabajo. Exhortaban de buenas maneras tanto a los trabajadores como a lo propietarios. Seguidamente, los amenazaron y hubo violencia, castigándose a los reacios. De esta manera, se registró muy pronto la adhesión, voluntaria o involuntaria, de todas las actividades generales, observándose que la población retornaba a sus casas en Avellaneda, Lomas de Zamora y 4 de Junio, situación que horas más tarde se extendió, aunque parcialmente, a otras localidades suburbanas del Norte y Oeste de la metrópoli.

Simultáneamente, con ese retraimiento de quienes no estaban de acuerdo con las demostraciones favorables al coronel Perón, que practicaban estruendosamente los animadores del movimiento, otros centenares de personas que procedían de los centros de población obrera, se concentraban en distintos lugares y movilizándose en columnas comenzaron a encaminarse hacia la Capital Federal, atravesando para ello los puentes que cruzan el Riachuelo, los cuales permanecían bajos en esos momentos. Pero esa facilidad fue suspendida alrededor de las 11, oportunidad en que fueron levantados los puentes para impedir el paso de los manifestantes, los cuales procedieron entonces a recorrer en forma tumultuosa la zona de Avellaneda y otras de influencia industrial, para constatar la paralización de las actividades.

Horas más tarde, al librarse el paso nuevamente, esos miles de elementos *peronistas* encauzaron su marcha hacia la metrópoli.

INTERRUPCIÓN DE LOS TRANSPORTES

Mientras eso ocurría se registró otro hecho excepcionalmente delicado, en circunstancias en que unos grupos de personas exaltadas se dedicaron a detener a toda clase de vehículos, tanto de los servicios públicos de pasajeros como particulares, comerciales o industriales, llegando hasta la violencia en los casos en que los conductores se resistían.

Otros grupos procedieron a interceptar en las líneas del Ferrocarril Sud, que va de Plaza Constitución a La Plata, los trenes de pasajeros que subían o bajaban a la metrópoli. Para ello, aquellos individuos se colocaron sobre las vías, ya de pie, levantando sus brazos y dando gritos o colocándose pasivamente acostados, actitudes que determinaron en todos los casos la detención de los convoyes. Sin embargo, momentos más tarde, cuando los conductores pretendieron avanzar peligrosamente para la vida de quienes les cerraban el paso, éstos comenzaron a destruir los sistemas de señales y de cambios, como también a levantar las vías en varios tramos, todo lo cual ocurrió en la zona de Avellaneda especialmente. Tal maniobra originó la completa paralización de los servicios ferroviarios urbanos generales desde Plaza Constitución, que se inició a las 11, aproximadamente. Lógicamente, tal hecho provocó innumerables dificultades a las personas que trataron de llegar desde la zona suburbana a la Capital Federal, para atender sus ocupaciones habituales, pues no solamente no pudieron funcionar los trenes, sino que estaban totalmente interrumpidos los servicios de ómnibus y de colectivos, a lo cual se sumó durante varias horas la imposibilidad de cruzar el Riachuelo por los puentes levantados.

En la metrópoli

Pero no solamente se presentó anormal el ambiente en Avellaneda, Lomas de Zamora, 4 de Junio y otros partidos vecinos a la metrópoli, sino que también esta misma se vio abocada a una situación semejante como consecuencia de un evidente plan coordinado y dirigido por elementos adictos al ex Vicepresidente de la Nación.

Igualmente, en los barrios de la Capital Federal se vio actuar a núcleos de personas que en forma activa imitaban la actitud descripta, obligándose al cierre de comercios, al desalojamiento de locales industriales y a la detención del servicio de transporte.

Con banderas nacionales, cartelones con el retrato del coronel Perón y leyendas alusivas a sus perspectivas presidenciales y a su detención, las columnas formaron en los barrios, recorriendo las calles de los mismos, agitando el ambiente de manera tal que, actuando en coincidencia con los manifestantes de la zona céntrica, prontamente, al promediar la mañana, la ciudad apareció conmovida por la acción de los elementos que obraban ante la completa pasividad de la policía, la cual se limitó a lanzar al aire algunas bombas de gases que no surtieron efecto en cuanto a la dispersión de las columnas.

Situación en el Centro

Mientras en los barrios metropolitanos se registró esa situación, verdaderamente inusitada, dado que muy pocas veces la agitación de que es teatro tan frecuentemente el centro de la ciudad llega hasta aquellos sectores de población en todo el radio comprendido por la Avenida de Mayo, Callao, Corrientes y Leandro Alem, es decir, el corazón de la *city*, las demostraciones *peronistas* cobraron cuerpo a medida que transcurrió la mañana y se inició la tarde.

El comercio céntrico cerró sus puertas para evitar las consecuencias del entusiasmo de aquellos grupos que operaron aisladamente pero siempre de manera semejante.

El público que no intervino en esas demostraciones se limitó a observar el desarrollo de los acontecimientos, en actitud pasiva, lo cual determinó que no se registrasen otras incidencias que las provocadas por algunos exaltados que pretendían materializar sus opiniones con pedradas o disparos de arma contra algunos edificios.

Actitud de la Policía

Al igual a lo ocurrido en Avellaneda y las zonas suburbanas, en la Capital Federal la policía procedió pasivamente ante las demostraciones de las personas adictas a la política del ex Vicepresidente, llegándose en muchos casos a observarse que oficiales y agentes confraternizaban con los manifestantes, facilitando su desplazamiento.

Los servicios de transporte se vieron muy dificultados en la ciudad, sobre todo por la tarde, cuando los empleados y obreros retornaban a sus domicilios.

Dos columnas principales

Concretamente, durante la mañana y las primeras horas de la tarde se vio actuar a dos columnas principales de *peronistas*, integradas por elementos de Avellaneda, los cuales fueron divididos a poco de haber avanzado sobre la metrópoli.

Esas dos columnas llegaron al centro y recorrieron distintos trayectos, procurando aproximarse a la Casa de Gobierno, lo cual fue impedido sin violencia por la policía. Esta, en algunos momentos, utilizó mangueras para dispersar a los más osados. Ello no atemperó el calor de las dos columnas que pasaron unas veces por el Ministerio de Guerra y otras por la Secretaría de Trabajo, aclamando siempre al coronel Perón y exigiendo su retorno al gobierno.

Las cabezas de las distintas columnas estaban formadas por elementos provistos de hierros, palos y materiales de trabajo, que esgrimían airadamente cuando los transeúntes no se solidarizaban de buen grado con sus demostraciones. Simultáneamente, todas las paredes de las casas por donde pasaban, como también los automóviles estacionados, aparecían luego del paso los manifestantes, cubiertos de leyendas alusivas al retorno del coronel Perón.

[DOS]

En un automóvil fuertemente custodiado llegó a las 6.33 al Hospital Militar Central el ex Vicepresidente de la Nación, quien fue internado de inmediato en un departamento nuevo en la parte alta de dicho nosocomio.

Queremos verlo

Prontamente trascendió la noticia de que el coronel Perón se hallaba en el Hospital Militar y alrededor de mediodía comenzó a esparcirse la consigna de dirigirse a dicho establecimiento entre las personas que pululaban desde temprano por los distintos barrios de la ciudad. De esta manera, alrededor de las 15, varias columnas convergieron desde diversos sectores metropolitanos hacia Palermo, recibiendo a su paso el aporte de centenares de personas. En todo momento los manifestantes clamaban el nombre del ex Vicepresidente y exhortaban a dirigirse al Hospital Militar *para verlo*.

Minutos después de la hora indicada, una masa de público que se extendía por varias cuadras frente al mencionado nosocomio, vivaba al coronel Perón estruendosamente, repitiendo el estribillo: *Queremos verlo*. En determinado momento se desprendió de la muchedumbre una pequeña delegación encabezada por el reverendo padre Carreras, penetrando en el Hospital Militar para entrevistar al ex Vicepresidente.

Sin embargo, no pudo lograr su propósito porque el coronel Perón les hizo comunicar por intermedio del teniente coronel Domingo Mercante, que había recobrado ayer su libertad y lo acompañaba en esos momentos, que su estado no le permitía recibir visitas. El teniente coronel Mercante les transmitió palabras textuales del coronel Perón, según las cuales pedía serenidad y compostura al pueblo, especialmente al que se encontraba frente al Hospital Militar, pues había enfermos graves internados, como también les anunciaba que seguiría luchando por el bienestar de los obreros y en defensa de las conquistas alcanzadas socialmente. Estas palabras fueron retransmitidas al numeroso público por el sacerdote, quien agregó: *el padre de los trabajadores está enfermo. Es necesario concederle descanso.* Durante largo rato los manifestantes permanecieron vivando al coronel Perón y pidiendo que se les permitiera verlo, pero como ello no resultó posible, optaron por abandonar el lugar y retornar al centro de la ciudad, para seguir de cerca los acontecimientos.

[TRES]

El Presidente de la Nación, acompañado del Ministro de Guerra, recibió poco después de mediodía a una delegación de la Confederación General del Trabajo, quien presentó un petitorio que contiene seis puntos. El general Farrell manifestó a los delegados obreros que estudiaría y resolvería el mencionado petitorio, así como los que le fueron presentados por otras agrupaciones obreras. El citado petitorio dice:

"El Comité Central de la Confederación General del Trabajo, en su reunión de ayer resolvió declarar la huelga general de los trabajadores de todo el país por 24 horas para el día jueves 18 de octubre, desde la cero hora hasta las 24 del mismo día, para expresar el sentimiento excepcional que vive el país, y por las siguientes razones:

"Primero: Contra la entrega del gobierno a la Suprema Corte y contra todo gabinete de la oligarquía.

"Segundo: Formación de un gobierno que sea una garantía de democracia y libertad para el país y que consulte la opinión de las organizaciones sindicales de trabajadores.

"Tercero: Realización de elecciones libres en la fecha fijada.

"Cuarto: Levantamiento del estado de sitio. Por la libertad de todos los presos civiles y militares que se hayan distinguido por sus claras y firmes convicciones democráticas y por su identificación con la clase obrera.

"Quinto: Mantenimiento de las conquistas sociales y ampliación de las mismas. Aplicación de la reglamentación de las asociaciones profesionales.

"Sexto: Que se termine de firmar de inmediato el decreto ley sobre aumentos de sueldos y jornales, salarios mínimos básico y móvil y participación en las ganancias, y que se resuelva el problema agrario mediante el reparto de la tierra y al que la trabaje y el cumplimiento integral del Estatuto del Peón.

"Suscribe esta declaración de huelga general: la Confederación General del Trabajo de la República Argentina y sus 300 sindicatos afiliados. Por iguales razones han declarado la huelga para el mismo día, las siguientes organizaciones: Federación de Empleados de Comercio, Federación de Obreros y Empleados Telefónicos, Federación Nacional de Sindicatos Autónomos de la Industria de la Carne y numerosas organizaciones autónomas.

"¡Trabajadores! Recomendamos serenidad, firmeza y disciplina. ¡Así triunfaremos! ¡Vivan la libertad, la democracia y la justicia social!"

Alrededor de mediodía también se hicieron presentes otras delegaciones, incluso del Comité Sindical de Unidad de la provincia de Buenos Aires, que presentó un petitorio al primer mandatario, resolviendo declarar la huelga en toda la Provincia por tiempo indeterminado, como repudio por la detención de Perón. Exige, además, la libertad del coronel Perón, del teniente coronel Domingo A. Mercante y del contralmirante Alberto Teisaire, y resuelve: "Respetar y hacer cumplir todas las conquistas obtenidas hasta la fecha; solicitar del superior gobierno de la Nación el correspondiente permiso para realizar la marcha de los trabajadores; repudiar públicamente a todas las fuerzas oligárquicas y políticas sin escrúpulos y exigir la firma del decreto de participación de las ganancias que anunciara el coronel Juan D. Perón".

Por su parte, la delegación del Sindicato Obrero de la Industria del Vidrio, con sede en la ciudad de Avellaneda, presentó una declaración que dispone: "El paro general por tiempo indeterminado en toda la

Provincia y bregar por la libertad del coronel Juan D. Perón, teniente coronel Domingo A. Mercante y contralmirante Alberto Teisaire; por el respeto a las conquistas obreras; y por la firma del decreto de participación en las ganancias y el cúmplase de la ley 11.729 en toda la República, incluyendo en ella al obrero de industrias".

DESAUTORIZAN EL PARO Y LAS PROTESTAS DIVERSAS ENTIDADES GREMIALES

Frente a la resolución de la Confederación General del Trabajo, decretando la huelga general por 24 horas para el día de mañana y a la actitud de diversos sindicatos, adhiriéndose a la protesta por la detención del coronel Perón con declaración de huelga por tiempo indeterminado, otras importantes organizaciones de obreros expresan su repudio y exhortan en sendas comunicaciones a sus afiliados a no prestar oídos a los requerimientos de abandono de la labor.

La Unión Obrera Local ha dado a conocer esta tarde una de estas declaraciones, anunciando que actúa en representación de las siguientes organizaciones: Sindicato Obrero de la Construcción, Sindicato Obrero de la Industria Metalúrgica, Sindicato Obrero Gastronómico, Unión Obrera Textil, Federación Obrera de la Industria de la Carne, Sindicato Obrero de la Alimentación, Federación Obrera del Vestido, Unión Obreros Curtidores y Anexos, Sindicatos de Choferes de Camiones y Afines, Unión Obreros de la Bebida, Sociedad de Resistencia de Obreros Sombrereros, Sindicatos de Obreros de Pastelerías, Confiterías, Pizzerías y Anexos, Sindicato de Colocadores de Mosaicos y Azulejos, Asociación Obreros del Transporte Automotor, Sindicato Obrero de la Industria del Pan, Sindicato Obreros Peluqueros, Peinadores y Anexos, Asociación de Músicos de la Argentina, Unión de Trabajadores de Casas Particulares.

Por su parte, la Federación Gráfica Bonaerense comunicó a sus afiliados y a los obreros gráficos en general que no ha decretado ningún paro y que por lo tanto deben ocupar sus puestos de labor.

La Federación Argentina de Agentes Comerciales, que agrupa a las instituciones de viajantes de comercio de toda la República, ante los sucesos que son del dominio público y frente a la actitud asumida por algunos grupos y organizaciones sindicales adictas a un ex funcionario del gobierno de facto ha dado a conocer un comunicado en el que señala la posición de la entidad, diciendo que la misma no auspicia movimientos antidemocráticos.

[CUATRO]

Vertiginosamente se sucedieron esta tarde una serie de hechos cuya trascendencia singular no pudo ser palpada con prontitud en los primeros momentos en razón de la forma repentina y rápida con que se producían, pero que evidenciaron que acontecimientos de magnitud y gravedad para la estabilidad de la situación política nacional se estaban produciendo.

Varios miles de personas que por sus vestimentas, su comportamiento y los letreros de que eran portadores evidenciaban pertenecer a la clase obrera, se concentraron en la Plaza de Mayo agitando a su paso los distintos barrios de la ciudad que atravesaron. Dentro de la Casa de Gobierno se exteriorizó también desde las primeras horas de la tarde una actividad excepcional indicadora de que repercutían asimismo en las esferas del gobierno los sucesos callejeros. Alrededor de las 16.30 la multitud comenzó a cubrir la Plaza de Mayo coreando insistentemente el nombre de Perón y pidiendo la presencia del ex Vicepresidente en forma cada vez más recia.

Una delegación de obreros que penetró en la Casa de Gobierno, se apersonó en las circunstancias al Ministro de Guerra, quien se hallaba en su despacho del Ministerio del Interior, pidiéndole la libertad del coronel Perón en nombre de los trabajadores allí reunidos. El general Avalos reiteró que el ex Vicepresidente no se hallaba detenido pero los obreros le pidieron que lo comunicase directamente a los manifestantes a lo cual accedió el Ministro de Guerra, pero no pudo hacerlo porque el público prorrumpió en vivas a Perón en tal forma que no permitieron que se escuchara su voz. Pero como los delegados obreros agitasen desde el balcón una bandera argentina, señal convenida para anunciar el logro de sus deseos, la muchedumbre estalló en mayores demostraciones de entusiasmo. Como el general Avalos firmó un papel sobre la baranda del balcón se creyó que suscribía la orden de libertad, hecho que luego aclararon los dirigentes gremiales, al expresar que no podía tratarse de ello desde el momento que el coronel Perón no estaba preso, sino que se había suscripto un permiso para que una delegación de trabajadores visitase al ex Vicepresidente en el Hospital Militar a fin de comprobar personalmente la verdadera situación. El público pidió a esa delegación que solicitase la concurrencia del coronel Perón a la Casa de Gobierno.

DECLARACIONES DEL GENERAL AVALOS

Ante la representación de los manifestantes el general Avalos expresó que el coronel Perón no se hallaba detenido, sino enfermo, y con una gran depresión. Agregó que, como en la Plaza San Martín fue pedida "la cabeza de Perón", el gobierno se vio precisado a adoptar medidas en su resguardo y por tal motivo, lo sacó de la Capital Federal a fin de evitar excesos que pudieran construir una afrenta para el país.

Señaló el Ministro de Guerra que el coronel Perón era su amigo y que no iba a permitir que se cometiese ningún exceso.

Al expresarle un obrero que no se quería un gabinete de oligarcas, manifestó el general Avalos que el gobierno deseaba que todos los partidos "largasen parejos", restableciéndose la normalidad sin ventajas para nadie. Añadió que se escogería un gabinete apolítico, en forma que satisficiera la ansiedad popular.

Momentos después, al conversar con los periodistas, el Ministro añadió que estaba muy satisfecho por la calma y cultura de la manifestación.

Acerca de la posibilidad de que el coronel Perón fuese candidato presidencial, expresó el Ministro que el gobierno no apoyaba ningún nombre y que si el coronel Perón tenía más votos sería mejor para él. Insistió que para el Poder Ejecutivo el coronel Perón era como cualquier otro candidato político y que si se iba a presentar como candidato tanto era que fuese diez días antes o diez días después.

DEMOSTRACIONES HOSTILES

Cuando el general Avalos quiso dirigirse nuevamente, alrededor de las 17 al público, éste vivando a Perón lo recibió con una estruendosa silbatina que se prolongó en forma que le impidió hablar.

Pídese la presencia de Mercante

Así las cosas, la multitud comenzó a pedir la presencia del teniente coronel Mercante, en la Casa de Gobierno, para escuchar su palabra informando el general Avalos que no se hallaba allí. Pero ante la insistencia de la concurrencia, fue invitado a trasladarse al lugar. La llegada de Mercante fue recibida con grandes aclamaciones del público, al cual exhortó a mantenerse tranquilo. Al salir Avalos al balcón, fue rechazado por la hostilidad de los manifestantes, la que vivó a Perón y a Mercante.

Varios oradores prometieron que el ex Vicepresidente sería traído a la Casa de Gobierno, anuncio que se repitió insistentemente desde las 17:30 hasta las 20 horas, en que se supo que el coronel Perón se negaba a abandonar el Hospital Militar.

Extraña cuestión

Alrededor de las 18, trascendió fidedignamente que el general Farrell había resuelto ofrecer al coronel Perón la formación del gobierno. El anuncio provocó muestras de júbilo en el público. Poco después, se supo que una comisión integrada por el general Pistarini, el brigadier de la Colina y el Dr. Antille, se había trasladado a las 18 al Hospital Militar y que había hecho tal ofrecimiento trascendental al ex Vicepresidente.

Al retirarse del Hospital, luego entrevistar al coronel Perón, el brigadier de la Colina confirmó a los periodistas la veracidad de la gestión y agregó que el coronel Perón había rechazado el ofrecimiento del Presidente, y que en cambio pedía la renuncia del general Avalos y del vicealmirante Vernengo Lima, entregándose el Ministerio de Guerra al general Humberto Sosa Melina y la Jefatura de Policía al coronel Franklin Lucero.

Retorno a la Casa de Gobierno

A las 18.40 estaba de regreso en la Casa de Gobierno dicha comisión, observándose cuando el brigadier de la Colina quiso penetrar por una puerta no habilitada en que un centinela le ponía una pistola en el pecho. La situación se aclaró luego.

La comisión informó al general Farrell de la respuesta del ex Vicepresidente.

QUIJANO EN LA CASA ROSADA

A las 18.45 entró en la Casa de Gobierno el Dr. Hortensio Quijano siendo aplaudido por el público presente que había aumentado.

AVALOS EN EL HOSPITAL MILITAR

Casi enseguida el Ministro de Guerra abandonó la Casa de Gobierno con el teniente coronel Mercante y otros tres jefes, dirigiéndose al Hospital Militar donde mantuvieron una entrevista con el coronel Perón sin que trascendiera lo tratado. El general Avalos mostraba un profundo disgusto en su rostro. Poco antes de las 19, el Ministro y sus acompañantes retornaron a la Casa de Gobierno.

INSISTIÓSE EN PEDIR LA PRESENCIA DE PERÓN

Las personas estacionadas frente a la Casa de Gobierno siguieron insistiendo en que el coronel Perón fuera conducido hasta ella. Varios oradores, entre los que figuró el señor Colom, director del diario *La Época*, anunciaron que si a las 20 no llegaba Perón tomarían la Casa de Gobierno.

PERÓN SALUDA AL PUEBLO

A las 19.30, el ex Secretario de Trabajo y Previsión desde la ventana del departamento que ocupa en el Hospital Militar saludó con la mano al numeroso público congregado frente a ese establecimiento, siendo ovacionado.

EMPLAZAMIENTO AL GENERAL FARRELL

Alrededor de las 19.45 regresó a la Casa de Gobierno el teniente coronel Mercante procedente del Hospital Militar. A su llegada saludó al general Farrell, comunicándole en nombre del coronel Perón que en 30 minutos debía desplazarse del gobierno al general Avalos y al vicealmirante Vernengo Lima. Casi inmediatamente se retiraron esos dos ministros de la Casa de Gobierno y enseguida el Presidente de la Nación dio a conocer un comunicado en el cual prácticamente indica que el gabinete está totalmente desintegrado.

Comunicado oficial sobre el gabinete

A las 20.30, la Secretaría de la Presidencia dio a conocer el siguiente comunicado:

"El Señor Presidente estudia la constitución de un gabinete que consulte los intereses del pueblo. Las consultas continúan por lo que en consecuencia todo rumor referente a nombres de presuntos ministros carece de fundamento. Se hace saber igualmente que todas las manifestaciones se han desarrollado pacíficamente hasta este momento, sin que se hayan producido incidentes ni choques. La población debe mantenerse serena, sin hacerse eco de rumores alarmantes o interesados, pues el orden no será alterado".

Teisaire y Velazco con Perón

Poco después de las 20 salieron de la Casa de Gobierno los doctores Antille, Quijano, el coronel Velazco, el comodoro Sustaita, el coronel Descalzo y el vicealmirante Teisaire, dirigiéndose al Hospital Militar, donde conversaron con el coronel Perón.

Pedrea a la Casa de Gobierno

Alrededor de las 21, como no se observara la llegada del coronel Perón a la Casa de Gobierno, ésta comenzó a ser apedreada por la multitud. Una piedra penetró en una de las salas ministeriales, lesionando en la boca al fotógrafo de la agencia Saporiti: Sr. Velloso.

Entrevista Perón-Farrell

A las 21.30 se anunció oficialmente que era inminente una entrevista entre el general Farrell y el coronel Perón en la residencia presidencial de la avenida Alvear, hacia la cual se dirigió en esos momentos el primer magistrado desde la Casa de Gobierno. A su vez el coronel

Perón partió para aquella a las 21.40 desde el Hospital Militar, acompañado por el ex subjefe de Policía coronel Molina.

OTRO COMUNICADO

Poco antes de las 22, la Secretaría de la Presidencia dio a conocer un comunicado oficial concebido en los siguientes términos:
"1°: Que el Presidente va a mantener una conferencia con el coronel Juan Domingo Perón.
"2°: Que el gabinete futuro consultará los nobles y elevados intereses del pueblo de la Nación.
"3°: Que el coronel Juan Domingo Perón dirigirá la palabra por la Red Argentina de Radiodifusión a las 23 a todo el pueblo argentino".

ASALTO AL MINISTERIO DE MARINA

A las 21.30 la multitud que se hallaba frente a la Casa de Gobierno crecía en efervescencia y en determinado momento atacó el ala del edificio perteneciente al Ministerio de Marina logrando vencer algunos jóvenes obreros la resistencia de la guardia policial y de marinería, rompiendo puertas y vidrios, hasta que volvieron a ser expulsados, reforzándose la vigilancia.

Numerosas antorchas se elevaron por sobre las cabezas del público frente a la Casa de Gobierno.

LOS GESTORES DE LA ENTREVISTA

Durante toda la tarde, actuó como comisión de enlace entre Farrell y Perón una comisión integrada por Dr. Antille, el coronel Descalzo y el brigadier de la Colina.

[CINCO]

Alrededor de las 23, después de sucesivos anuncios hechos al público congregado en la Plaza de Mayo mediante altoparlantes ubicados en lugares estratégicos, se hizo presente en uno de los balcones de la Casa de Gobierno el coronel Juan Domingo Perón, a quien acompañaban el Presidente de la Nación, el general Pistarini, los doctores Antille y Quijano y numerosos jefes y oficiales del Ejército.

La muchedumbre, al advertir la presencia del ex Vicepresidente, prorrumpió en numerosos vítores al coronel Perón que se hicieron extensivos al general Farrell.

A instancias del público, el primer magistrado y el coronel Perón se estrecharon en un fuerte abrazo, que fue aplaudido entusiastamente por los congregados en la plaza.

Acallado el vocerío del público, después de regular espera, usó de la palabra el general Farrell, quien comenzó diciendo:

"Trabajadores: Les hablo otra vez con la más profunda emoción que puede sentir el Presidente de la Nación ante una manifestación como esta, que cubre toda la plaza. Otra vez está frente a ustedes el hombre que por su dedicación y su empeño ha sabido ganarse el corazón de todos: el coronel Perón".

A esta altura, el general Farrell fue interrumpido por las nuevas demostraciones populares destinadas principalmente a repetir el nombre del coronel Perón, lo que dio lugar a que tras varios minutos el Presidente de la República expresara:

"Espero que la disciplina que se ha demostrado hasta ahora dando un verdadero ejemplo de cultura, siga predominando y que guardéis silencio". De inmediato agregó: "De acuerdo con el pedido que me han formulado, quiero anunciarles que el gabinete actual ha renunciado. El nuevo gabinete será constituido de manera que responda en absoluto a las mejoras sociales adquiridas hasta este momento. El teniente coronel Mercante será designado Secretario de Trabajo y Previsión".

Las novedades anunciadas por el jefe del Poder Ejecutivo provocaron grandes demostraciones de alborozo, en medio de las cuales el general Farrell volvió a hacer oír su voz, para manifestar: "Atención señores: de acuerdo con la voluntad de ustedes y de otros sectores de la opinión, el gobierno no será entregado a la Corte Suprema de Justicia Nacional. Atención, atención: se están estudiando y se considerarán en la forma más ventajosa posible para los trabajadores, las últimas peticiones presentadas. El gobierno necesita tranquilidad. Para ello pido a ustedes trabajo, dedicación y estar unidos, pero siempre respetando a los demás, porque, como hoy, serán más dignos que cualquiera otra agrupación. Finalmente deseo que cada uno tenga la convicción de que con la unión y el trabajo hemos de llegar a obtener la más completa victoria de la clase humilde, que son los trabajadores".

Las aclamaciones que habían saludado continuamente los conceptos del general Farrell, se renovaron después sin cesar, tanto en adhesión al primer mandatario, como al coronel Perón, que debía secundarle en el uso de la palabra. Transcurrió en medio de ese ambiente más de media hora, entonándose el Himno Nacional y haciéndose llegar a los balcones de la Casa de Gobierno dos mensajes de la muchedumbre ligados a las astas de sendas banderas nacionales. Por intermedio de los micrófonos se recomendó calma a fin de permitir que el coronel Perón, que se encontraba aún bajo los efectos de la dolencia que lo aqueja, pudiera dirigirse al público sin necesidad de realizar un excesivo esfuerzo.

Por fin, alrededor de las 24, el ex Vicepresidente inició su discurso en estos términos:

"Trabajadores: Hace casi dos años, desde estos mismos balcones, dije que tenía tres honras en mi vida: la de ser soldado, la de ser un patriota y la de ser el primer trabajador argentino. Hoy a la tarde el Poder Ejecutivo ha firmado mi solicitud de retiro del servicio activo del Ejército. Con ello he renunciado voluntariamente al más insigne honor a que puede aspirar un soldado: llevar las palmas y laureles de general de la Nación.

"Ello lo he hecho porque quiero seguir siendo el coronel Perón y ponerme con este nombre al servicio integral del auténtico pueblo argentino. Guardo el honroso y sagrado uniforme que me entregó la Patria, para vestir la casaca civil y mesturarme en esa masa sufriente y sudorosa que elabora el trabajo y la grandeza de la Nación. Con esto doy mi abrazo final a esa institución que es el puntal de la Patria: el Ejército; y doy también el primer abrazo a esta masa grandiosa que representa la síntesis de un sentimiento que había muerto en la República: la verdadera civilidad del pueblo argentino.

"Esto es pueblo: este es el pueblo sufriente que representa el dolor de la tierra madre, el pueblo que hemos de reivindicar. El pueblo de la Patria es el mismo pueblo que en esta histórica plaza pidió frente al Cabildo que se respetaran su voluntad y sus derechos. Es el verdadero pueblo, que ha de ser inmortal, porque no habrá perfidia ni engaño que pueda someter a este pueblo digno y patriota.

"En esta jubilosa fiesta de la democracia está representado un pueblo que marchó a pie para pedir a los funcionarios que cumplieran con su deber para exigir satisfacción de sus íntimos anhelos. Muchas veces he asistido a reuniones de trabajadores. Siempre he sentido una enorme satisfacción; pero desde hoy sentiré un verdadero orgullo de argentino porque interpreto este momento como el renacimiento de una conciencia de los trabajadores, que es lo único que puede hacer grande e inmortal a la Patria.

"Hace dos años pedí confianza. Muchas veces me dijeron que ese pueblo a quien yo sacrificaba mis horas de día y de noche, habría de traicionarme. Que sepan hoy los indignos farsantes que este pueblo no engaña a quien no lo traiciona. Por eso, señores, quiero en esta oportunidad, como simple ciudadano, mezclarme en esta masa sudorosa, estrechándola profundamente contra mi corazón como lo podría hacer con mi madre.

"**Que sea desde esta hora, que será histórica para la República, el coronel Perón un vínculo de unión ya indestructible en la hermandad entre el pueblo, el ejército y la policía. Que esa unión sea eterna e infinita, para que este pueblo crezca en esa unidad espiritual de la auténtica y verdadera fuerza de la civilidad y el orden. Que sea infinita para que nuestro pueblo no sólo posea la felicidad, sino que sepa dignamente defenderla**.

"Esa unidad la sentimos los verdaderos, porque al amar a la Patria amamos a sus campos, a sus casas y a sus talleres, amamos a nuestros hermanos.

"Al mostrarse en esta plaza en número que pasa de medio millón, el pueblo está mostrando al mundo su grandeza espiritual y material".

A esta altura, los gritos del público, que habían subrayado continuamente los párrafos del discurso que pronunciaba el coronel Perón, se condensaron en la pregunta de: "¿Dónde estuvo? ¿Dónde estuvo?", a lo que respondió el orador:

"Preguntan hoy, preguntan ustedes, dónde estuve; estuve realizando un sacrificio que lo haría mil veces por ustedes". Y a continuación reanudó su discurso diciendo:

"No quiero terminar estas palabras sin lanzar mi recuerdo cariñoso y fraternal a nuestros hermanos del interior que se mueven y que palpitan al unísono de nuestros corazones en todos los rincones de la Patria. A ellos vaya nuestro cariño, nuestro recuerdo y nuestra promesa de que hemos de trabajar afanosamente para que sean menos desgraciados y puedan disfrutar mejor la vida.

"Y ahora llega como siempre para vuestro Secretario de Trabajo y Previsión, que lo fue y que seguirá luchando al lado vuestro para ver coronada esa obra que constituye la ambición más grande de su vida – que todos los trabajadores sean un poquito más felices – llega, digo, la hora del consejo, que lo doy con mi corazón tan abierto como puedo ofrendarlo a una cosa que tanto amo, al pueblo: que lo doy con todo mi pensamiento. Pero antes, frente a vuestra insistencia, os pido que no me recuerden cuestiones que yo ya he olvidado, porque los hombres que no son capaces de olvidar no merecen ser queridos y respetados por sus semejantes, y yo aspiro a ser querido por ustedes y quiero empañar este acto con ningún mal recuerdo.

"Dije que ha llegado la hora del consejo y les digo: trabajadores, únanse, sean hoy más hermanos que nunca, que sobre la unidad de los que trabajan se levantará la unidad de todos los argentinos. Iremos incorporando a cada uno de los díscolos, para que se mezclen con nuestras multitudes y experimenten la misma satisfacción patriótica que ustedes sienten ahora.

"Pido también a todos los trabajadores amigos que reciban con cariño este inmenso abrazo por las preocupaciones que han tenido por este humilde hombre que les habla. Por eso hace poco les dije que los abrazaba como abrazaría a mi madre, porque ustedes habrán tenido los mismos pensamientos y los mismos dolores que mi pobre vieja ha sufrido en estos días.

"Esperemos que los días que vengan sean de paz y de construcción para la Nación: esperemos con la tranquilidad con que ustedes han esperado las conquistas que no llegaban, con fe en el porvenir, y esperemos que las nuevas autoridades encaminen la nave del Estado hacia los destinos que deseamos todos nosotros, simples ciudadanos a sus servicios.

"Sé que se habían anunciado varios movimientos obreros. Ya no existe ninguna causa para ello. Por eso les pido, como un hermano mayor, que retornen a su trabajo; les pido que retornen tranquilos a sus casas. Y por única vez, ya que nunca lo he podido decir como Secretario de Trabajo y Previsión, les pido que realicen el día de paro festejando la gloria de esta reunión de hombres de bien y de trabajo que son la esperanza genuina y pura de la Patria.

"Y he dejado deliberadamente para el último, el recomendarles que al disolver esta magnífica asamblea lo hagan con mucho cuidado. Recordad que entre ustedes hay numerosas mujeres obreras que han de ser protegidas aquí y por la vida por los mismos obreros. Y finalmente, recuerden que estoy un poco enfermo y fatigado, y tengan en cuenta que necesito un descanso que me tomaré en el Chubut, para reponer fuerzas y volver a luchar codo con codo con ustedes, hasta quedar exhausto si es preciso".

Al terminó de su discurso, el coronel Perón poco después volvió a dirigirse al público, diciendo:

"Atención, pido a todos nos quedemos por lo menos quince minutos más reunidos, porque quiero estar desde este sitio contemplando este espectáculo, que me saca de la tristeza en que estuve sumido en estos días".

La concurrencia, respondiendo a ese requerimiento, se mantuvo firme en sus puestos, repitiendo sin cesar el nombre del coronel Perón y aclamándolo como futuro Presidente de la República.

ÍNDICE

PRESENTACIÓN
por Ricardo Morato
5

SOBRE EL DISCURSO DE PERÓN
DEL 17 DE OCTUBRE DE 1945.
Advertencia de un equívoco
difundido en la historiografía
11

JUSTICIA SOCIAL SIN REVOLUCIÓN SOCIAL
17

SANIDAD MILITAR Y CONCIENCIA SOCIAL
EN EL EJÉRCITO (1939-1945)
53

CONTEMPLANDO ESTE ESPECTÁCULO
(MATERIALES DE PRENSA SOBRE EL 17 DE OCTUBRE DE 1945)
101

www.ingramcontent.com/pod-product-compliance
Lightning Source LLC
Chambersburg PA
CBHW031316150426
43191CB00005B/256